CHRYSTAL DE FREITAS

CLAVES PARA UNA SALUDABLE SEXUALIDAD DE TUS HIJOS

longseller

CHRYSTAL DE FREITAS

CLAVES PARA UNA SALUDABLE SEXUALIDAD DE TUS HIJOS

longseller

Título original: KEYS TO YOUR CHILD'S HEALTHY SEXUALITY

Foto de tapa: Laura Pribluda
Traducción: Leandro Wolfson
Corrección: Delia N. Arrizabalaga

Casa matriz: Avda. Corrientes 1752
(C1042AAQ) Buenos Aires - República Argentina
Internet: www.longseller.com.ar
E-mail: ventas@longseller.com.ar

ISBN 950-739-731-0

Queda hecho el depósito que marca la ley 11723

Impreso y hecho en la Argentina
Printed in Argentina

Esta edición se terminó de imprimir en los talleres de Longseller, en Buenos Aires, República Argentina, en junio de 2001.

INTRODUCCIÓN

¿Cuándo debo empezar a hablarle a mi hija acerca de la menstruación? ¿Cuánta información tengo que suministrarle a mi hijo preescolar sobre la concepción de su futuro hermanito, su crecimiento dentro del útero y su nacimiento? ¿Por qué, si sólo tiene ocho años, mi hijo cree que sabe mucho sobre la reproducción? El programa de televisión que vio ayer toda la familia estaba colmado de insinuaciones sexuales; ¿no debería haber insistido en que se apagara el televisor? ¿Qué cuidado tendré que poner en el futuro para vigilar la forma en que se entretienen mis hijos?

Estas no son sino algunas de las inquietudes que enfrentamos los padres a medida que nuestros hijos interactúan con un medio cultural que los bombardea con mensajes de índole sexual. Comprender las dimensiones más generales de la sexualidad, así como el papel que cumplen la familia, los amigos, la escuela y los medios de comunicación en la imagen que se forman los niños acerca de sí mismos como seres sexuales, es esencial para abrirse un camino firme y seguro a través de los posibles campos minados que se extienden entre la niñez y la identidad sexual adulta.

Muchos padres, para abordar las cuestiones sexuales, esperan que sus hijos entren en la pubertad. A otros, los obvios cambios corporales de sus niños los deciden, mal que les pese, a tener "una charla" con ellos. Hay quienes confían en que la escuela hará lo que ellos no quieren hacer, y se sienten aliviados cuando el niño vuelve a casa agitando en la mano los folletos que le entregaron en la clase de educación sexual. Por otra parte, la mayoría de los padres actuales no han recibido mucha instrucción en la esfera sexual. Tal vez tengan vagos recuerdos de torpes recomendaciones que les dieron uno u otro de sus progenitores; o del libro sobre sexualidad arrinconado en el último estante de la biblioteca; o de la semana dedicada a la reproducción humana en la clase de higiene. En estas circunstancias, es comprensible que con frecuencia posterguen la educación de sus propios hijos. Además, muchos suponen que si ellos no les hablan a sus hijos sobre el sexo, estos no se interesarán por el asunto o no se sentirán tentados de preguntarles nada.

No obstante, esperar hasta la pubertad para aproximarse a este tema, no es muy sensato. La sexualidad constituye una parte importante de la vida del niño desde el momento en que nace y desempeña un papel destacado a lo largo de toda la vida. Después de todo, el fundamento mismo de la crianza consiste en proporcionar al niño la información que le permita adoptar decisiones con conocimiento de causa y ser el arquitecto de su propia vida.

Hablar sobre la sexualidad exige la misma capacidad de comunicación entre padres e hijos que contribuye a un sano vínculo entre ellos. Si los padres son capaces de entablar diálogos francos con sus hijos pequeños al explorar juntos los temas sexuales, esta misma franqueza y apertura les permitirá aconsejarlos y guiarlos cuando se acerquen a la adolescencia. Pero si no comienzan temprano, les resultará menos espontáneo abordar el tema más adelante, y todos se sentirán incómodos ante esa nueva intimidad y ante la magnitud de las cuestiones que entonces tendrán que tratarse apresuradamente. Lo anterior no debe hacernos olvidar, empero, que es mejor empezar tarde que no empezar nunca.

Como pediatra y madre de tres hijos, también yo me he debatido con la mejor manera de comunicar los "cómo se hace" y las distintas variantes de la "charla sobre la cigüeña", así como las múltiples dimensiones que tiene la sexualidad. El desafío fue grande. Cuando mi hija mayor estaba por iniciar en la escuela un curso de educación para la salud destinado a las niñas, inquirí por precaución cuál era el contenido del programa. La respuesta me preocupó: me parecía que el plan de estudios era insuficiente, y además el curso iba a ser impartido por una persona de sexo masculino, el profesor de gimnasia de los chicos. Aunque este profesor era una excelente persona, sentí inquietud por lo que pudiera transmitirle a mi hija y ofrecí humildemente mis servicios en forma voluntaria. Mi ofrecimiento fue aceptado, pero cuando el aliviado profesor, luego de expresarme su gratitud, me entregó el ínfimo programa que había previsto para el curso, experimenté una súbita angustia. Preparar esa clase, que consideraba muy importante, me enfrentó con muchas dificultades. Quizás el mayor reto fue que debí ampliar mi propia perspectiva acerca de la sexualidad, tema que es mucho más vasto de lo que parece a primera vista, ya que no sólo incluye los aspectos fundamentales de la reproducción sino que abarca también las relaciones y los valores humanos y gran cantidad de habilidades necesarias para la vida.

Mientras daba ese curso, me impactó la renuencia de las alumnas a recurrir a los miembros de su familia. Comentarios tales como: *"Me avergüenza mucho hablarle a mamá de esto"* eran corrientes; no obstante, esas mismas chicas no tenían ningún reparo en formular sus preguntas a una desconocida. Existía entre madres e hijas y, en general, entre los progenitores y sus hijos, un abismo. Sentí la necesidad de unir en torno del proceso educativo a todos los integrantes de la familia.

Esta necesidad me llevó a proponer un curso comunitario para madres e hijas, en cuyo transcurso pasamos revista a los cambios normales, físicos y emocionales, de la pubertad. Descubrí que a las madres les encantaba contar con una oportunidad para rever la fisiología básica de los cambios físicos que experimentaban sus hijas, y estaban ansiosas por compartir con otras madres el torbellino emocional que les provocaba la maduración sexual de aquellas. Asimismo, las chicas tenían la posibilidad de participar junto a sus madres en la clase creando un lazo, un puente de comunicación, a lo largo del proceso interactivo de la instrucción. Para algunas familias, este curso fue el primer paso. Aunque ciertamente es mejor no esperar a la pubertad; en los años previos a esta es factible abrir la puerta de comunicación con los hijos, acerca de la sexualidad, y compartir con ellos los valores que uno sustenta. De manera análoga, se podrían organizar cursos para padres e hijos varones y, por qué no, otros a los que concurran los dos progenitores con sus hijos de ambos sexos.

En los tres últimos años, les he pedido a los padres que compartan conmigo sus ideas y sentimientos sobre el tema de la sexualidad, a medida que sus hijos se aproximaban a la pubertad. Para ello les di el siguiente comienzo de una oración que debían completar: "Lo más importante que quisiera comunicarle a mi hijo/hija preadolescente sobre la sexualidad y el crecimiento es...". La mayoría evidenció tener ideas profundas que expresar al respecto. He aquí algunas de las respuestas:

- "Pese a la confusión, las inquietudes, la turbación, los conflictos y los cambios repentinos de estado de ánimo que acompañan a la pubertad, llegar a ser una mujer madura es algo realmente maravilloso. Espero que ser mujer, expresarte como ser sexual y tener la posibilidad de procrear hijos te haga tan feliz como a mí."
- "La sexualidad es lo que tú eres esencialmente. En ella está tu persona íntegra, y se desarrollará continuamente a lo largo de tu vida."
- "Lo mejor es que los momentos de intimidad o la relación sexual sean compartidos por dos adultos que se aman de una manera madura y comprometida; si se los vive de ese modo, son momentos maravillosos e inolvidables."
- "Papá y yo te queremos tanto que siempre podrás acudir a nosotros. Eres la persona más importante en

nuestra vida y nunca dejaremos de responder a tus preguntas."

- "Si decides convertirte en marido y padre, confío en que disfrutes de esas ocupaciones tanto como yo, y recuerdes que con tu esposa compondrán un equipo de crianza constituido por dos personas que se aman y que siempre procurarán actuar en pro de las buenas relaciones familiares."

Tengo la esperanza de que la información contenida en este libro les brinde a los padres un esquema general que los ayude a abordar el tema de la sexualidad con sus hijos en los distintos niveles de desarrollo de estos, desde la edad preescolar hasta la preadolescencia. El intercambio de información en forma gradual, a través de un diálogo franco, les permitirá contruir una relación mutua sana, confiada y bien informada. Al anticiparse a los problemas más comunes que enfrentan los niños con su sexualidad, se sentarán las bases indispensables para que al crecer se conviertan en adultos sexualmente sanos y responsables. Este logro es la recompensa que recibirán los padres por haber tomado un papel activo en la educación sexual de sus hijos.

La presente obra no podría haber sido escrita sin los aportes de numerosos padres y niños que asistieron a mis cursos. A ellos les debo que mi motivación floreciera. Desearía además agradecer a mis amigos y colegas Eileen Bond, Karen Christian, Jill Michel, Sioban D. Harlow y Allen Dumont, así como al maravilloso personal que tienen a su cargo, por el apoyo continuo que me brindaron y el entusiasmo que pusieron en este proyecto. Estoy en deuda asimismo con las revisoras de la editorial Barron, Grace Freedson y Linda Turner, por su ayuda y asesoramiento a lo largo del proyecto, y con mi ilustradora, Jane Schlesinger, por su talento artístico. En particular, deseo expresar mi gratitud a Kathy Roby, cuya habilidosa pluma para las correcciones ha sido de un valor inestimable. En último término, pero no porque sea menos importante, les doy gracias a mis hijos Cecily, Jocelyn y Andrew —quienes saben perfectamente (así lo espero) que siempre pueden acudir a mí con sus inquietudes, aunque todavía se turben un poco cuando me escuchan pronunciar la palabra "sexo" e insistan en que no mencione el tema delante de sus amigos—, y a mi esposo, Jeff Bonadio, por su aliento y su sentido del humor.

La información presentada en este libro se basa en parte en las *Pautas para una educación sexual amplia* (*Guidelines for Comprehensive Sexuality Education*) preparadas por el Grupo Nacional Especial para la Elaboración de Pautas (National Guidelines Task Force) de Estados Unidos, integrado por importantes educadores, profesionales de la salud y representantes de las organizaciones nacionales que se ocupan de este tema. Dichas Pautas fueron dadas a conocer a través del Consejo Estadounidense de Información y Educación Sexual (Sexuality Information and Education Council of the US, SIECUS), cuyos "conceptos clave" han sido de inestimable valor para organizar el material aquí expuesto.

PARTE PRIMERA

DESARROLLO HUMANO

1

COMPRENDER LA SEXUALIDAD

Para cumplir con la responsabilidad de impartirles a sus hijos una educación sexual, muchos padres suelen comenzar hablándoles de la cigüeña. Sin embargo, a veces no comprenden claramente la complejidad que encierra la palabra *sexualidad*, y suelen confundirla con *sexo*. La sexualidad va más allá del sexo físico y la identidad de género, y cumple un papel vital en el desarrollo del ser humano. Comprender esto implica saber cómo funciona el cuerpo humano y, en particular, cómo se lleva a cabo la reproducción. El término "sexualidad" también abarca una serie de conceptos vinculados con las relaciones humanas, la capacidad, la identidad de género y las decisiones relativas a los problemas de salud. Además de enseñarles a sus hijos lo que quieren que sepan sobre el tema, los progenitores deben intervenir en la relación que establecen los niños con la sociedad y los medios masivos de comunicación, que suelen amenazar los valores familiares sanos. De más está decir que la educación sexual es un proceso complejo que dura toda la vida.

Los niños tienen curiosidad innata por todos los aspectos del medio en que viven, incluyendo su propio cuerpo y el de los demás. Esta mayor conciencia en torno a las funciones del cuerpo se inicia cuando se empiezan a dar los primeros pasos y continúa hasta la pubertad. Los niños que saben cómo funciona su cuerpo pueden comprender mejor su sexualidad y, a medida que van creciendo, tienen un sentido de la identidad más consolidado. El conocimiento les otorga fuerza. En consecuencia, tanto ellos como los adultos deben tener acceso a una información confiable, ya sea a través de la familia o bien mediante otras fuentes que les pueda proveer la comunidad donde habitan.

Además de aprender lo que hace al aspecto biológico, es necesario que los niños conozcan todo lo vinculado con las relaciones personales. Para comprender su sexualidad, recurren a la familia y a la dinámica establecida entre sus integrantes. Adquirir la capacidad para cultivar los vínculos y mantenerlos con éxito es esencial, ya que los amigos, maestros y demás conocidos pasan a cobrar gran importancia en el mundo del niño. Aquellos que pertenecen a una familia de vínculos fuertes obtienen herramientas poderosas a través de los ejemplos que les da cada uno de sus integrantes, herramientas que los ayudan a forjar los vínculos que establecerán en el futuro. Esta capacidad inicial se practica dentro de la familia, con el padre, la madre y los hermanos. Por lo tanto, los progenitores deben ser conscientes de que la influencia que ejercen los patrones de conducta familiares en las relaciones futuras de los hijos es muy grande.

Una sexualidad sana va de la mano de un conjunto de valores que le marcan una dirección y un propósito a la vida. Los niños necesitan que se les brinden oportunidades para aprender y poner en práctica habilidades vitales basadas en los principios morales que aprenden y ejercitan en la casa. Tomar decisiones con responsabilidad, expresar qué es lo que sienten y necesitan y buscar la manera de resolver los conflictos constituyen las virtudes fundamentales que le permitirán al adulto vivir bien; al joven, le garantizarán una vida sana; y al niño, le proveerán las bases para mantener y aumentar la autoestima. Cultivar sólidos valores morales puede ayudar al niño a tomar mejores decisiones conforme va creciendo y enfrentando problemas tales como decidir cómo y cuándo comenzar la actividad sexual, y abordar el tema de la violencia juvenil y la violación.

Además de recibir influencias en cuanto a su conducta, el niño aprende de la familia y la sociedad cómo funcionan los roles de género, el reino de las conductas asociadas con lo femenino y lo masculino. Los roles de género que la sociedad le adjudica a cada individuo pueden llegar a cobrar mucha fuerza y a ejercer una gran influencia en las elecciones relativas a los vínculos y la salud que determinarán el futuro del niño. Los niños detectan con gran sagacidad cuáles son las actitudes de sus progenitores y de la sociedad con respecto a los valores y las creencias sexuales. Cuanto más cómodos se sienten los padres consigo mismos, incluyendo su identidad de género, más cómodamente proyectan su sexualidad.

Además de la identidad de género, moral y de conductas, el niño debe conocer la relación de la sexualidad con los temas de la salud. Hoy más que nunca, padres, docentes y médicos advierten la necesidad de proveer a los jóvenes información fidedigna sobre el SIDA y las enfermedades de transmisión sexual (ETS). En ocasiones, la información que proviene de una fuente no se condice con la de otra, o no está actualizada. Los niños escuchan sobre estos temas en la plaza, por la radio y la televisión y (si tienen suerte) en las clases de educación para la salud que se dan en las escuelas. A medida que crecen, comienzan a formularse cada vez más interrogantes sobre el Sida y las ETS, y los padres y maestros deben repasar con ellos la información relevante, en forma periódica. Asimismo, los padres deben estar al día con todo aquello que sea pertinente sobre dichas enfermedades y transmitírselo a los hijos.

Otra influencia que el niño recibirá con respecto a la sexualidad es la que proviene de los medios de comunicación. La televisión, las revistas y los videojuegos muestran actitudes que pasan a formar parte del marco de referencia del niño. Tal vez estos mensajes no coincidan con los valores de su familia. Los padres deben tomar partido de manera activa en el hogar y a nivel público, sobre el contenido y la calidad de lo que muestran los medios, que de hecho ejerce influencia en sus hijos. En general, los medios ponen un acento exagerado en el sexo, enviando mensajes que para los niños son muy confusos y conflictivos. La influencia de los medios en la vida de nuestros chicos ha alcanzado dimensiones alarmantes.

Si comprenden mejor las complejidades de la sexualidad, los padres pueden ayudar a los hijos a crecer con una autoestima sólida, con un bagaje de conocimientos que les permita llegar a ser adultos responsables en esta materia.

He aquí algunas claves de una sexualidad sana:

- Todos los seres humanos nacen con la capacidad de tener sentimientos sexuales.
- Los niños son seres sexuales desde el momento del nacimiento.
- Una sexualidad sana es una parte vital de la sana autoestima del niño.
- El ejemplo que brindan el padre y la madre constituye un modelo para el desarrollo de la sexualidad de los hijos.
- La información que recibe el niño, apropiada para su etapa evolutiva, es fundamental para que comprenda el aspecto sexual del mundo.
- La sexualidad afecta los aspectos físicos de nuestro cuerpo así como los emocionales, incluyendo los vínculos, la capacidad para la vida y la habilidad para tomar decisiones.
- Los niños recaban información sexual de los medios, sus pares y la sociedad en general. Aunque los padres no siempre estemos de acuerdo con esa información, tenemos que preparar a nuestros hijos para que sepan cómo abordarla.
- Los padres debemos enviar mensajes claros a nuestros hijos con respecto a los valores familiares y la posición tomada ante la sexualidad.

2

SECRETO Y PRIVACIDAD

Al hablar con los niños acerca de la sexualidad, tanto el secreto como la privacidad adquieren otro significado. Tal vez no comprendan las diferencias sutiles entre ambos términos y por eso los padres deben ser muy explícitos cuando intentan establecer esa diferencia.

Las partes privadas del cuerpo es una frase que los chicos aprenden y usan para referirse a sus genitales. Es común que los niños en edad preescolar repitan esas palabras sin sentir la vergüenza que sienten los chicos más grandes cuando las dicen. Por lo tanto, es importante también que los progenitores no les hagan sentir vergüenza a medida que van creciendo y que, por un lado, les demuestren que están dispuestos a darles información cuando sea necesario y, por otro lado, fomenten en ellos la inquietud de solicitarla. Comprender cuál es la diferencia entre la privacidad y el secreto es fundamental, considerando el poder que supone el conocimiento. Kristy Seibold, profesora de educación para la salud de una escuela pública de Lansing, en Michigan, propone de una manera acertada ayudar a los chicos a no ponerse nerviosos cuando les hablamos de la sexualidad, que se puede resumir en esta frase: "¡Que saber no te dé vergüenza!"

Comencemos por analizar la palabra *secreto.* La mayoría de los niños se ríen nerviosos cuando la escuchan y conocen perfectamente qué es y qué significa guardar un secreto. Es algo que saben sólo algunas personas y de lo que nadie más puede enterarse. Resulta claro que si se comparte con otros, deja de ser un secreto; si todos se enteran, pierde su valor. Por lo tanto, un secreto es algo de lo cual no todos pueden tener conocimiento y que uno no debe difundir.

La información *privada*, por otra parte, es la que los demás pueden conocer pero que no necesariamente se comparte. Por ejemplo, todas las familias tienen asuntos privados. Eso es algo que sabemos de las familias de los otros, y a su vez los otros lo saben respecto de la nuestra. La diferencia fundamental entre la *privacidad* y el *secreto*, entonces, es que lo privado implica un acceso limitado. Aun cuando todas las familias tienen asuntos privados, no los comparten con otras. Por eso tomamos decisiones que implican no ventilar dichos asuntos, y lo hacemos por buenas razones. El acceso a esa información se circunscribe a los integrantes de la familia. Del mismo modo, todos tienen partes del cuerpo que son privadas, pero cada uno tiene acceso a las propias y no a las de los demás. No podemos tocar las partes privadas a alguien si no nos lo permite.

Para explicarles esto a sus hijos, use el siguiente ejemplo: La casa de cada uno, junto con todas las cosas que hay en ella, son privadas. Todos saben que uno tiene un hogar, un televisor, muebles, etc., pero muy pocas personas cuentan con el permiso para acceder a ellos. La casa y las cosas suyas son privadas. Muchas personas tienen televisor, pero eso no significa que uno pueda entrar en su casa y prenderlo para ver un programa. El televisor les pertenece. Es propiedad privada: ¡no se toca! Una fiesta es otro ejemplo: la mayoría de las fiestas son privadas. Muchos pueden enterarse de que hay una fiesta, sin embargo no todos están invitados, porque es privada. Para ir, hace falta invitación.

A los niños pequeños, puede resultarles más comprensible hablarles de la privacidad al usar el baño. Todo el mundo sabe que tenemos que pasar al baño, por lo cual esa información no es un secreto, pero es decididamente privada. ¿En qué consiste el acceso limitado? Cuando pasamos al baño, cerramos la puerta. Además, nadie se burla de alguien que tiene que ir al baño, porque todo el mundo va: no es un secreto. Pero sabemos que ir al baño es una actividad solitaria. Es privada.

Los baños tienen puerta para que podamos limitar el acceso de los demás, como sucede con las partes privadas de nuestro cuerpo cuando nos vestimos.

A muchos niños y preadolescentes les da vergüenza hablar de los temas relacionados con la sexualidad. Tal vez se deba a que sienten que es un tema secreto, pero nosotros como padres podemos aclararles que todos somos seres sexuales, aun los miembros del sexo opuesto y por eso, saber sobre sexualidad nunca nos tiene que dar vergüenza. Si sabemos más vamos a entendernos mejor, vamos a tener menos vergüenza. ¡Que saber no te dé vergüenza!

La sexualidad es un tema privado y cada uno decide con quién compartirlo. Por ende, a los niños en edad preescolar y para los preadolescentes, los padres deben decirles que, si bien comparten dentro de la familia el conocimiento sobre los temas privados, esa no es información que los niños deban revelar a sus amigos. Los padres de sus amigos pueden querer ser los primeros en hablar con sus hijos sobre las partes privadas del cuerpo, el sexo y la cigüeña. El niño debe comprender que otros padres quizá no compartan los valores de su familia y no deseen que sus hijos reciban información mediante personas que no pertenecen a la familia. Para enseñarle a su hijo lo que desea compartir con otros y qué conducta es aceptable, juegue al "Qué pasaría...". ¿Qué pasaría si Jamie viniera y te dijese que quiere ver tus partes del cuerpo privadas, qué le dirías? Como padre, puede ofrecerle a su hijo un par de oraciones simples para tener a mano, por si algún amigo de él le requiere acceso a los asuntos privados. Por ejemplo:

- Mi cuerpo es privado.
- Pregúntale a tus padres.
- Es una buena pregunta, pero la respuesta es muy complicada.

Un último punto con respecto al tema del secreto y la privacidad se relaciona con el aprendizaje. Los padres son los maestros más importantes de los chicos. Aprender sobre sexualidad es muy importante para la felicidad y la salud del futuro de nuestros hijos. Pero suele suceder que cuando les vamos a brindar información sobre los asuntos privados, personales, que los ayudará para el futuro, nos ponemos nerviosos y nos da vergüenza. Nos reímos porque estamos nerviosos. Nuestros hijos se ríen por el mismo motivo. Nos movemos torpemente y no nos animamos a mirarlos a los ojos, y ellos hacen lo mismo. Por último, tomamos la situación con humor y nos reímos juntos. Es normal. Ponerse nervioso, ponerse incómodo, tomárselo con humor es el acompañamiento de la música que dice las verdades privadas sobre la sexualidad. Así como todos tenemos necesidades privadas, la experiencia de la sexualidad es única. Todos somos sexuales; todos aprendemos sobre la sexualidad. Por lo tanto, si los progenitores susurran el mensaje para sí cuando se preparan para "la gran charla" o les da vergüenza o se ponen incómodos cuando sacan el tema al hablar con sus hijos, es normal, sólo tratan de disminuir la tensión. Lo que nos da vergüenza no es el conocimiento que vamos a transmitir sino la situación. Ni nuestros hijos ni nosotros, padres y madres, debemos sentir vergüenza por saber. Todos tenemos derecho a saber.

3

CÓMO HABLAR DE SEXO

Para la mayoría de los padres, hablar de sexo con sus hijos es una experiencia abrumadora. Les preocupa decir demasiado o no decir lo suficiente, o bien temen confundirlos. Muchos piensan que si abordan el tema con los niños, estos puedan sentir la curiosidad de experimentar. Otros presuponen que los hijos son demasiado chicos o bien que no tienen interés en el tema porque no lo demostraron o porque no hicieron preguntas al respecto. Los padres suponen que esta falta de interés aparente significa que el niño no está listo, o aun peor, que no necesita información. Pero los chicos *tienen* preguntas. Tal vez no sepan qué preguntar o quizás perciban las dudas de los padres, que no les dan lugar a formular preguntas. En cualquiera de los casos, el niño no recurrirá a los padres para tratar el tema. Somos nosotros, los progenitores, quienes tenemos la responsabilidad de comenzar a hablarle. No permita que el hecho de que el niño haya guardado silencio o de que usted se sienta incómodo interfiera a la hora de plantear el tema. Admita ante su hijo que hablar de sexo puede causar vergüenza porque se trata de un tema muy delicado y privado; eso le servirá de base para iniciar la charla. No olvide que no es necesario proporcionarle toda la información la primera vez. La educación sexual, del mismo modo que otras materias —como matemática o ciencias— se aprende paulatinamente. Es aconsejable comenzar con los conceptos básicos y luego avanzar a partir de allí, a medida que su hijo va creciendo y es capaz de asimilar información más detallada.

Más allá de que haya comenzado a hablar con su hijo o no, recuerde que el proceso informal de su educación sexual comenzó en el momento del nacimiento. A partir de entonces, como padre, ha ido alimentando su sexualidad a través de la manera en que lo trata, el modo en que satisface sus necesidades, y mostrándose como ejemplo. Es importante advertir que su hijo fue aprendiendo constantemente sin que usted lo ayudara de una forma directa. Además, su educación sexual continuará más allá de que usted haya decidido participar activamente de ella.

Cada vez que su hijo mira televisión, juega o interactúa con sus pares, recibe mensajes sobre quién es, qué papel desempeña, qué siente por ser nena o nene y qué espera la sociedad de él. Todos los elementos presentes en el medio del niño establecen su sexualidad. Todos contribuyen a la percepción que tiene de sí mismo. Lamentablemente, muchos de los mensajes implícitos que nuestra sociedad les envía a los chicos no se basan en los valores que propician una sexualidad adulta sana. Por eso, no dude en intervenir y aportar su propia contribución. Nunca es tarde para comenzar. Después de todo, si los demás ejercen influencia sobre su hijo, ¿por qué no va a influir usted? Tiene la obligación de expresar cuáles son sus sentimientos y sus valores. Como padre, es el maestro más importante de su hijo.

Es posible que emprender la educación sexual de su hijo le parezca una responsabilidad excesiva, pero en nuestra sociedad hay muchos recursos que pueden ayudarlo. Algunos son valiosos, otros son cuestionables. Los integrantes de la familia son muy importantes a la hora de confirmar la información que brindan los padres, y fuentes como la escuela, la iglesia y diversas organizaciones (como los Scouts) pueden contribuir brindando pequeñas instancias de información. Encontrar el equilibrio para que el niño aprenda los hechos y valores necesarios por parte de adultos respetables, y al mismo tiempo filtrar los mensajes contradictorios que envía nuestra sociedad, plantea un gran desafío. No olvidar que la sexualidad es una parte integral y hermosa de la vida adulta es fundamental.

Cómo encontrar el momento adecuado

El momento que se presta para conversar con su hijo puede surgir durante la vida cotidiana y sirve de precedente para seguir conversando sobre el tema. Por ejemplo, un momento propicio es cuando los padres y los hijos viajan en auto, ya que están juntos pero no tienen que mirarse a la cara. Otros momentos oportunos son los siguientes:

- Un familiar, una maestra o una vecina que está embarazada.
- Un programa de TV en el cual se trata el tema de los valores familiares o los principios morales contradictorios dentro de una familia.
- Una visita al zoológico, donde se observa la conducta sexual de los animales o se enseña sobre sus ciclos vitales.
- Una mascota de la familia que tuvo cría.
- Los días previos a una cita con el médico para realizar un chequeo.
- Adolescentes que se besan en público o van tomados de la mano.
- En una pileta o en casa, su hijo observa a una persona desnuda o parcialmente desnuda.
- Su hijo o hija intenta espiar a una persona desnuda.
- Su hijo o hija mira con curiosidad cuando ve cambiar el pañal de un bebé.
- Su hijo o hija ve exhibidos para la venta, en el supermercado, paquetes con toallas femeninas o tampones.

A mi hijo no le interesa el tema

Si su hijo o hija tiene cinco o seis años y no demostró interés alguno, los padres pueden tomar la iniciativa y abordar el tema. Puede hacérselo de diversas maneras. Antes de comenzar, busque información y piense cómo contestaría posibles preguntas.

- Una opción es iniciar el diálogo haciendo un comentario personal: "Cuando yo era chico/a, la abuela nunca me contó (o a veces me contaba) de dónde venían los bebés. ¿Piensas en eso a veces?"
- Otra opción para que se sienta más cómodo es recurrir a un libro con ilustraciones. Pese a que los niños de ocho o nueve años sienten que ya pasó la etapa de leer dichos libros, estos constituyen una herramienta valiosa para romper el hielo y dan lugar a que continúe la charla. Es aconsejable haber leído previamente el libro elegido. Algunos niños prefieren hojear el libro solos, ya que les resulta menos amenazador; eso debe ser respetado. En ese caso, deje pasar unos días y pregúntele si tiene alguna pregunta o si quiere hacerle algún comentario sobre el libro; así podrá retomar la charla. Claro, muchos chicos dirán "*¡No!*". Eso también está bien. Respete el sentido de privacidad de su hijo. Para él, es importante saber que usted está dispuesto a resolver las dudas que lo asalten en el futuro. No le dé un sermón, pero el niño debe saber cuáles son los valores que usted defiende y qué siente con respecto a estos temas.
- También podrá aprovechar los momentos oportunos mencionados anteriormente.

Puntos clave para recordar al hablar de sexo

- Los progenitores son los educadores primarios de los hijos en lo que respecta a la sexualidad.
- Es normal sentir cierta vergüenza cuando uno comienza a hablar de sexo con su hijo.
- Su hijo necesita recurrir a una fuente informativa con-

fiable y también precisa poder comunicarse con usted o con un adulto confiable en lo tocante a este tema tan delicado.

- Si usted se siente incómodo, hable con otros padres y practique en voz alta cómo le contestaría a su hijo.
- Hay innumerables momentos oportunos a lo largo del día, para aprovecharlos y explorar junto con su hijo.
- Sus hijos deben disponer de libros apropiados sobre sexo, según las edades. Estos textos deben coincidir con los valores de su familia.
- Si su hijo le hace una pregunta y lo encuentra desprevenido, postergue la respuesta, pero no deje de contestársela a la brevedad.
- Como sucede con cualquier otro tipo de información, la información sexual debe repetirse, ya que con una charla no es suficiente.
- Si siente que conversando con su hijo usted cometió un error, dígaselo y enmiende el problema. Comience diciendo: "*¿Recuerdas cuando hablamos de los bebés? Hay algo que no te expliqué bien; estuve leyendo al respecto y en realidad es así...*"
- Es muy útil recurrir al humor para aliviar la tensión y salvar la brecha de comunicación entre padres e hijos.
- Si su hijo tiene alrededor de diez años, pregúntele si quiere comentarle algo sobre la clase de educación para la salud que recibió en la escuela.
- Participe de los programas de educación para la salud de la escuela o el centro comunitario de la zona.

4

LA NECESIDAD DE SABER

Hay cierta información sexual básica que el niño debe saber y comprender de acuerdo con su edad. Por lo tanto, es conveniente que el padre o la madre repase ciertas pautas que lo ayudarán a manejar la información según las edades.

Hasta los cinco años, la mayoría de los niños deben entender los siguientes conceptos básicos:

- Saber los nombres correctos de las partes del cuerpo, incluyendo los genitales. (Ver el repaso de los términos en la Clave 8).
- Saber de dónde vienen los bebés, es decir, del útero o el vientre de la madre. (Ver la Clave 5).
- Comprender que vestirse es algo privado, así como ir al baño. En especial, los niños de cinco años deben comprender la diferencia entre el secreto y la privacidad.
- Sentirse cómodos cuando hablan de sexo con los padres o con un adulto confiable.
- Tener una buena autoestima en lo que respecta a su propia identidad femenina o masculina.

A medida que los chicos crecen, deben ampliar los datos básicos con los que cuentan; pero antes de brindarles mayor información, es conveniente repasar lo que ya saben. Más allá de que usted haya sido claro, el niño puede haber olvidado algo importante o no haberlo comprendido correctamente.

Entre los seis y los nueve años, la mayoría de los niños pueden comprender:

- Cómo se reproducen los animales y las plantas dentro del ciclo vital.
- De dónde vienen los bebés, cómo “entran”, cómo “salen”. (Ver las Claves 5, 6 y 7).
- Las diferencias entre los sexos, usando los términos correctos para referirse a los genitales de ambos sexos.
- Los conceptos relativos a lo familiar: tener hijos, divorciarse, volver a casarse.
- La información básica sobre el sida, las ETS y otras infecciones transmitidas por vía sexual. (Ver las Claves 33 y 35).
- La necesidad de ser cada vez más responsables en cuanto a la salud y seguridad de su cuerpo, es decir, responsables de la higiene personal (lavarse los dientes y bañarse, adquirir los hábitos alimenticios adecuados, etc).
- Lo que significa la amistad y la justicia y ser capaces de comunicar lo que sienten, a los padres o a algún adulto en quien confíen.

Si usted no ha comenzado a hablar de sexo con su hijo de nueve o diez años, todavía está a tiempo, pero es importante que no se demore más. Los niños siempre están más preparados para manejar los cambios, si se los prepara con antelación. Lamentablemente, muchos padres esperan para hablar de sexo a que su hijo comience a experimentar los cambios físicos propios de la pubertad. Si bien más vale tarde que nunca, cuanto antes comience, menor será la probabilidad de que la vergüenza sabotee las charlas. Quienes hayan incursionado en el tema con sus hijos con frecuencia, aunque más no sea brevemente, tienen mayores posibilidades de enseñarles más al llegar a la preadolescencia y de seguir participando del proceso en el momento crucial del desarrollo sexual.

De los nueve a los trece años, la mayoría de los preadolescentes deben:

- Concebir la sexualidad como una parte normal de la vida.
- Saber que los cambios por los que atraviesan los varones y las niñas durante la pubertad (por ej., la menstruación en las niñas y los orgasmos involuntarios durante el sueño en los varones) son normales.
- Saber cómo hacerse amistades (por lo general, del mismo sexo).
- Comprender el proceso de la reproducción, incluyendo el significado de términos tales como *relaciones sexuales*, *paternidad o maternidad*, *aborto*, *anticoncepción*.
- Conocer las distintas orientaciones sexuales: heterosexual, homosexual, lesbiana, bisexual.
- Obtener mayor información sobre cómo se transmiten el sida y las ETS.
- Tener un sentido de la privacidad corporal y saber qué es el abuso sexual, cómo identificarlo, cómo protegerse y cómo reaccionar ante situaciones potencialmente peligrosas.

Puntos clave

- La información que le brinde a su hijo deberá ser seleccionada según la edad.
- Los niños deben saber que sus progenitores o algún adulto confiable le contestarán las preguntas que deseen formular, sin burlarse de ellos ni hacerlos sentir incómodos o traicionar su privacidad.
- Los niños necesitan que les respondan las preguntas de acuerdo con la etapa evolutiva que estén atravesando.

Cuanto más chico sea el niño, más concretas tendrán que ser las explicaciones. Con tres o cuatro oraciones breves será suficiente para dar curso a sus dudas. Los preadolescentes necesitan que se les brinde mayor información, que podrán recabar en libros, folletos, clases, etc.

- Ayude a su hijo o hija, teniendo un sentido cabal de sus propios valores personales sobre la sexualidad.
- Los chicos necesitan ver que los adultos que consideran importantes en su vida se comportan de manera responsable, tanto con respecto a los vínculos familiares como a los vínculos que establecen fuera de la familia.

5

¿DE DÓNDE VIENEN LOS BEBÉS?

Tarde o temprano, su hijo le preguntará: "*¿De dónde vienen los bebés?*". Es probable que la pregunta lo encuentre desprevenido y le caiga como una bomba. Tal vez se la haga cuando vienen de visita los parientes políticos, o en la pileta, donde su inocente hijo se detiene a observar a una amiga suya embarazada. Depende de la dinámica familiar, pero un padre puede escaparse de la pregunta diciendo: "*Pregúntale a tu madre*", "*Eres muy chico para entender eso*", *o* "*Te lo explicaré cuando seas más grande*". El mensaje implícito es que el tema de la procreación está fuera de su alcance; es tabú. Los temores de padres y madres en torno a las respuestas que les deben dar a sus hijos cuando sienten esta curiosidad tal vez se originen en el hecho de que escuchan las preguntas desde su complicada perspectiva adulta (que incluye todas las implicancias de las relaciones sexuales, el amor, las enfermedades venéreas, los embarazos no deseados, el dolor del parto, etc.). Además, a los padres les preocupa que los hijos no sean lo suficientemente maduros como para procesar la información y la malinterpreten o se sientan abrumados. Suelen sobreproteger a sus hijos, minimizar sus dudas y no canalizar los intereses que les planteen. Los hijos advierten con rapidez la reticencia a hablar de los padres, y lo que en una ocasión se dejó de lado para proteger su inocencia, ahora el niño lo ve como un intento por evitar sentir vergüenza.

Los padres y las madres también suelen ser reticentes a hablar de sexo con los hijos, debido a sus propios valores y creencias. ¿Qué pasaría si después de explicarles cómo son las cosas, usaran esa información para experimentar sexualmente? ¿Y si interpretaran que la disposición de los padres de hablar al respecto, se traduce en un permiso para experimentar de manera inapropiada y precoz? Sin embargo, los temores de los padres se mitigan si conocen los resultados de las investigaciones científicas serias. Se ha comprobado que no por contar con mayor información, los adolescentes aumentan su grado de experimentación sexual. De hecho, es más probable que quienes saben cómo funciona el cuerpo y comprenden los temas relativos a la sexualidad posterguen su debut. Por consiguiente, los padres pueden dejar de lado sus temores y confiar en que lo más conveniente es que esa información la reciban de adultos que se preocupan por ellos. De una manera u otra, los niños van a satisfacer su curiosidad y tratarán de conseguir los datos necesarios recurriendo a los amigos, leyendo revistas, mirando televisión. Su imaginación, que suelen sentir como algo más vívido que la realidad, también estará presente. Los padres debemos ocuparnos de la educación sexual de nuestros hijos para favorecer su crecimiento sano.

Una de las claves para que esta empresa tenga éxito reside en no olvidar que el aprendizaje de su hijo es un proceso gradual. No es aconsejable desplegar todos los detalles de golpe: el conocimiento se debe ir acumulando de manera continua y constante. El grado de comprensión del niño es mucho más simple y concreto que el del adulto. A la hora de determinar el grado de desarrollo de los hijos, los padres son los jueces más apropiados. El tipo de respuestas que le va a ofrecer a su hijo cuando hable de sexo con él por primera vez debe depender de cómo haya evaluado la capacidad que él tiene de procesar la información que le va a brindar.

Repase las siguientes respuestas a las preguntas que formulan los hijos sobre de dónde vienen los bebés y elija las que lo hagan sentir más cómodo. Huelga decir que es libre de agregar sus propias opiniones.

Cuando un niño de hasta cinco años pregunta: "*¿De dón-*

de vienen los bebés?", la respuesta debe ser simple y breve. Con dos o tres oraciones es suficiente para satisfacer su curiosidad a esa edad; pero antes de brindarle esa explicación simple, debe cerciorarse de que comprendió exactamente qué le está preguntando. Repita o aclare la pregunta. O sea, al comenzar siempre debe parafrasear el planteo del niño. De este modo, será más fácil confirmar que lo que usted cree que le está preguntando es realmente lo que le está preguntando. El chiste que se describe a continuación ilustra este punto:

Christopher, de 4 años, entra corriendo casi sin aliento y le pregunta a la mamá:

—*¿De dónde vienen los bebés?*

La mamá respira hondo, entra en pánico y se preocupa:

—*¿Por qué me lo preguntas ahora? Todavía no hablamos de la cigüeña. ¡Esto es demasiado; es muy pronto!*

Está claro que la mamá trata de ganar tiempo; a continuación le pregunta:

—*¿Qué quieres decir con "de dónde vienen los bebés"?*

Christopher levanta la cabeza, la mira sorprendido y le dice:

—*¡Peter me dijo que él es de Cincinnati, y yo no supe decirle de dónde venía!*

La madre suspira aliviada y le contesta:

—*Bueno, naciste en Seattle.*

La mamá pudo postergar la charla. Esta situación es graciosa, ¡pero la verdadera se va a presentar tarde o temprano!

En el libro de Anne C. Bernstein, *Fight of the Stork* (*La lucha de la cigüeña*), se les pregunta a los niños qué piensan en torno a cómo nacen los bebés. Bernstein se refiere a algunos niños de entre tres y siete años como los "geógrafos", ya que creen que los bebés siempre existieron. Uno va al hospital —se dicen— o a un negocio y se lleva un bebé. Saber cómo piensa su hijo a determinada edad lo ayudará a responder a sus preguntas de manera más apropiada.

Por ejemplo, los padres deben aclararles a los hijos que los bebés no se compran en el hospital sino que el médico o la partera y la enfermera ayudan a la madre a que salga de su cuerpo. A muchos chicos se les dice que los bebés crecen en la panza de la mamá y les parece lógico conectar los alimentos y la panza con el crecimiento del bebé. No obstante, es una información inexacta, confusa y que luego será difícil de corregir. Los niños seguirán creyendo lo que aprendieron hasta que el nivel de desarrollo cognitivo les permita incorporar más datos. Por lo tanto, al explicarles por primera vez conceptos precisos, será necesario repetirlos, enmarcándolos en distintas situaciones para que los puedan asimilar. Este enfoque sienta una base sólida que da lugar a que el proceso de aprendizaje continúe. Es similar al proceso de enseñanza de un idioma. Repetir, repetir, repetir.

El ejemplo que se brinda a continuación ilustra el punto de partida para padres e hijos.

Madeleine, de cinco años, vuelve del jardín.

—Mami, ¿de dónde vienen los bebés?

—¿De dónde te parece que pueden venir?

—No estoy segura, puede ser que del hospital, pero la señora Wilson va a tener uno.

—Los bebés crecen en un lugar especial dentro del cuerpo de la madre hasta que están preparados para salir.

—En tu pancita, ¿no?

—No, el lugar especial se llama "útero" o "matriz".

Muéstrele a su hijo que el útero está ubicado justo debajo del ombligo de la mujer.

Con esta explicación, la mayoría de los niños en edad preescolar van a satisfacer su curiosidad, si bien algunos requerirán más datos y seguirán formulándole más preguntas sobre el *cómo* y el *dónde*. Otros quedarán bastante satisfechos con una explicación aun más breve y el tema no les volverá a despertar interés por un tiempo. Muchos querrán repetir en los días subsiguientes sus versiones de la explicación que usted les dio, y esto puede suceder en el momento menos indicado... ¡Las delicias de ser padres!

PARTE SEGUNDA

PUBERTAD

6

¿CÓMO NACEN LOS BEBÉS?

Los niños creen muchas falacias en torno al nacimiento. Para muchos, la explicación más lógica es que el bebé sale de algún modo del ombligo de la mamá. El concepto del nacimiento es confuso, incluso para los más grandes.

Cuando surge el tema, es conveniente tratarlo con calma, con pocos detalles descriptivos. Lo importante es ser claros. La explicación breve que se brinda a continuación le puede servir de guía. No es necesario que se siga al pie de la letra; si lo desea puede tomar de ella lo que necesite o bien desarrollar su propia versión, según el grado de comprensión de su hijo.

- El útero o vientre es como un globo que se puede agrandar a fin de que haya espacio para que el bebé crezca.
- Cuando el bebé ya está listo para nacer, el cuerpo de la madre lo ayuda a salir, y lo hace por una abertura especial que se llama *vagina* y está entre las piernas de la mujer. También se la llama *canal del nacimiento*.
- Cuando el bebé está listo, mami y papi (o la persona que ocupa su lugar) van al hospital y el médico (o la partera) lo ayuda a salir del cuerpo de mamá.
- A veces, por distintas razones, no puede salir por la vagina, entonces necesita que lo ayuden un poco más.
- En ese caso, el médico debe hacer un corte en la zona baja del abdomen y sacar al bebé por ahí. Eso se llama *cesárea.*

A muchos chicos les gusta que les cuenten cómo fue su

nacimiento. Los padres pueden aprovechar esta ocasión ideal para hablarles del proceso del nacimiento en general. No hay que subestimar dicho proceso. Es muy importante respetar las maravillas de la naturaleza, y después de todo, el milagro del nacimiento es realmente asombroso. Es común que los niños pregunten: "*¿Duele tener un bebé?*". Como padres, debemos responder honestamente: "*¡Sí, duele!, pero la mamá está tan contenta de verlo que se olvida del dolor, y hay maneras de ayudarla a controlar la molestia que pueda sentir.*"

Las respuestas sobre el nacimiento deben ser simples y concisas, y dar lugar a aclarar lo que sea necesario. No es menester dar explicaciones detalladas y extensas, a menos que las preguntas que formule su hijo lo obliguen a hacerlo.

¿No voy a abrumar a mi hijo si le doy tantos detalles?

Aun si la explicación es más larga de lo aconsejable, el niño asimilará sólo aquello para lo que él está capacitado. El resto quedará en la nada. Usted se dará cuenta si la explicación le resulta excesiva porque se lo demostrará manifestando falta de interés, aburrimiento o simplemente cambiando de tema o poniéndose a hacer otra cosa. Para las preguntas de la mayoría de los niños, pueden bastar como respuesta tres oraciones concisas.

A continuación se dan algunos elementos adicionales para tener en cuenta cuando hablamos de sexo con nuestros hijos.

- Aclare qué es lo que el niño le está diciendo. También indague cómo le surgió la curiosidad: por algo que vio por televisión, por una maestra que está embarazada, por algo que le comentó un amigo en el micro camino a la escuela, etc.

- Explique los hechos que responden a la pregunta y dé su opinión. En el caso de los niños pequeños, con dos o tres oraciones será suficiente. Vaya agregando información a medida que sus hijos van creciendo.
- Pídale que repita con sus propias palabras lo que usted le acaba de explicar.
- Deténgase a pensar en lo que le puede llegar a decir al niño con el lenguaje del cuerpo. Una sonrisa falsa, una mueca, una reacción exagerada o una señal de mala disposición bastarán para que el niño lo considere "un padre/ una madre a quien es mejor no preguntarle sobre estas cosas". La actitud que usted le demuestre sentará un precedente para sus futuras conversaciones sobre el tema.
- Admitir que uno siente vergüenza ante su hijo (en el caso de que esto sea así) resulta humillante y suele desembocar en que uno queda a su merced.

7

¿CÓMO ENTRAN LOS BEBÉS AL CUERPO DE LA MADRE?

A los niños más grandes, de cinco a ocho años, no les alcanza con saber dónde crecen los bebés y cómo nacen. También tienen curiosidad por saber cómo llegaron allí. Es posible que comiencen a hacer con mayor insistencia preguntas vinculadas con esta nueva inquietud. De este grupo, los que se acercan a los ocho años saben que para hacer un bebé se necesita un hombre y una mujer, pero no tienen claro cuál es el papel que cumple el padre en el proceso.

Los niños pequeños comienzan a comprender que se necesita un papi y una mami para hacer un bebé. Se les puede simplificar este concepto explicándoles que se trata de un óvulo de la madre y un espermatozoide del padre que se encuentran uno al otro en el cuerpo de la mamá y luego el bebé se empieza a formar. Ovulo es una palabra de origen latino para referirse a los huevitos que tiene la mujer en los ovarios. Los padres deben decidir qué término prefieren utilizar, si "óvulo" o "huevo". Si explicar en qué consiste la fertilización utilizando la palabra *semilla* en lugar de "espermatozoide" parece simple, se presta a confusión. Los niños pequeños tienen un pensamiento muy concreto. Para ellos, una semilla es como una semilla de calabaza, así como "huevo" les representa un huevo de gallina de los que compramos en el almacén. En el mundo infantil, una semilla crece y se convierte en una planta; los huevos son los que acompañan a las papas fritas. Por lo general, los padres explican en qué consiste la fertilización, de la siguiente manera: la madre tiene un huevo; el padre, un espermatozoide, y cuando se encuentran en el cuerpo de ella, el bebé comienza a formarse y a crecer. Esto es lo que yo le expliqué a mi hijo. Él se empezó a reír y dijo que era "imposible": ¡si el huevo estuviera dentro de la madre, se rompería y no se formaría el bebé! Era obvio que la información que yo le había brindado era completamente incorrecta. Aunque los chicos no retengan los términos que usamos los adultos, como óvulo y espermatozoide, si los empleamos cuando hablamos con nuestros hijos, los preparamos para recibir la información que tendrán en el futuro. Emplear los términos biológicos evitará confusiones como la antes descripta.

Pregúnteles a sus hijos de dónde creen que vienen los bebés; las respuestas lo sorprenderán. Aproveche para aclarar algunos conceptos equivocados, como estos:

Hijo: —*¿Cómo hacen los bebés las mamás?*

Padre: —*Qué buena pregunta. ¿Viste que la tía Wendy va a tener un bebé?*

Esta pregunta le dará tiempo para recomponerse y al mismo tiempo le estará diciendo al niño que usted está dispuesto a hablar de este tema tan delicado. Continúe preguntándole de dónde cree que vienen los bebés; así podrá enterarse de lo que piensa y aclarar los conceptos erróneos que pueda haber adquirido. Continúe de la siguiente manera:

El cuerpo de la madre tiene una célula especial para hacer bebés que se llama óvulo y es chiquito como un puntito que se hace con un lápiz. Los padres también tienen una célula especial que es sólo para hacer bebés y se llama espermatozoide. Cuando el óvulo encuentra el espermatozoide en el cuerpo de la mujer, empieza a formarse un bebé.

O tal vez tenga que responder a la pregunta sobre el "cómo"; puede hacerlo así:

Padre: —*Bueno, para tener un bebé hacen falta dos personas, un hombre y una mujer; un padre y una madre. El padre tiene espermatozoides, y uno de ellos se junta con un óvulo de una mujer. En ese momento, cuando se encuentran en el cuerpo de la mujer, se forma el bebé.*

Ahora dime todo lo que te acabo de contar.

Luego de que el niño repita lo que usted le ha dicho, es probable que le pregunte:

Hijo: —*¿Qué son las células?*

Padre: —*Son partes especiales del cuerpo. Son tan chiquitas que no se las puede ver sin un microscopio. Cuando las dos se encuentran, el óvulo de la madre y el espermatozoide del padre, dentro del cuerpo de la mamá se forma el bebé.*

Hijo: —*¿Pero cómo se juntan? ¿Cómo llegan los espermatozoides al cuerpo de la mamá?*

El niño le acaba de plantear una pregunta que conmociona a muchos padres, porque significa que es el momento de explicar ciertos detalles. Si le queda claro que lo que le está preguntando su hijo es cómo se hacen los bebés y cómo se tienen relaciones sexuales, la siguiente es una versión simple que le puede servir como punto de partida:

Padre: —*El papá y la mamá deben decidir que quieren tener un bebé. Se acuestan, se ponen muy cerca y sienten amor el uno por el otro. El pene del padre entra en la vagina de la madre y los espermatozoides se van por el pene. Uno de ellos se encuentra con el óvulo de la mujer en el útero. Eso se llama tener "relaciones sexuales".*

A muchos padres les preocupa que su hijo les formulen preguntas aún más explícitas, y se cuestionan acerca de qué pasaría si nota que se ponen nerviosos, o si no saben las respuestas. Suele suceder que las preguntas estén relacionadas con los valores morales en torno a la sexualidad humana. Es importante que los padres se esfuercen por encontrar las palabras apropiadas para transmitir ese tipo de mensajes. Se sentirán más tranquilos si recurren a la bibliografía disponible sobre el tema, que cada vez es mayor. Su compromiso sincero de aprender junto con su hijo es valioso.

Aunque no existe una sola manera adecuada de definir el sexo y hablar al respecto, a continuación se ofrece una versión que podrá utilizar o bien adaptar a su estilo personal. Cabe agregar mayor información o bien omitir datos, lo cual dependerá de la edad de su hijo, su grado de madurez y el tipo de preguntas que le plantee.

"Sexo" se puede definir de diversas maneras:

- Es una palabra que tiene muchos significados.
- Se refiere a si eres un varón o una nena, pero también se puede referir a las relaciones sexuales.
- Las relaciones sexuales son una actividad que realizan los adultos.
- Es cuando el hombre pone el pene dentro de la vagina de la mujer.
- Así es como los adultos hacen los bebés.
- Cuando dos personas grandes se aman, hay muchas maneras de tener sexo además de las relaciones sexuales. Se pueden abrazar, besar, tocar.
- Cuando dos personas adultas que se quieren mucho comparten sus cuerpos de un modo muy especial.
- La actividad sexual es cuando el hombre y la mujer comparten las partes privadas de sus cuerpos.
- Para dos personas grandes que se quieren sexualmente, tener relaciones sexuales es muy agradable.

- Para que las personas compartan sus cuerpos de esta manera tan especial, deben ser maduras y responsables.
- A tener relaciones sexuales también se lo llama *hacer el amor* o de muchas otras maneras.

A medida que los chicos crecen, entre los ocho y los doce años, llegan a tener otro nivel de comprensión y pueden entender que ciertos ingredientes deben darse de manera conjunta para hacer un bebé: el concepto del amor y las relaciones, el acto sexual, y una interpretación rudimentaria del encuentro del óvulo con el espermatozoide. También pueden entender que el acto sexual implica que un hombre y una mujer comparten sus cuerpos. En esta etapa los padres deben dejar en claro cuáles son los valores que han adoptado y compartirlos con el niño. Durante la preadolescencia, los hijos aún escuchan a sus padres y estimen sus opiniones.

Puntos clave para compartir con los hijos sobre el acto sexual

- El acto sexual implica que un hombre y una mujer se reproducen, es decir, hacen bebés. Es cuando el hombre pone el pene en la vagina de la mujer.
- Las relaciones sexuales ocurren cuando dos personas se quieren y asumen un compromiso mutuo.
- El acto sexual supone sentimientos y conductas muy nobles, y sus consecuencias son muy importantes. Todo eso se entrelaza con mucha responsabilidad.
- Tener relaciones sexuales es una parte muy importante de la vida de casados.

En este momento, se deberá hablar de los valores y creencias religiosas específicos relacionados con el acto sexual y la sexualidad en general.

8

LA PRIMERA CLASE DE ANATOMÍA

"Recuerdo claramente cuándo le pregunté a mi madre sobre mis genitales. Tenía tres o cuatro años. Ella me contestó: 'Te desconozco'. Escuché la palabra 'clítoris' por primera vez en la secundaria, en la clase de biología. Fue una gran sorpresa." (Madre de 45 años.)

Entre el primer año de vida y los cinco, cuando los niños crecen muy rápidamente, deben asimilar una gran cantidad de información relativa al mundo que los rodea y a su lugar dentro del mismo. Sienten una curiosidad natural por saber cómo funciona el cuerpo y qué es capaz de hacer. Enterarse de cómo son las cosas les da fuerza y les otorga un sentido de seguridad. Los niños que dan sus primeros pasos ya están preparados para aprender los nombres de las partes del cuerpo, incluyendo los genitales. Cuando los padres juegan con ellos para enseñarles a identificar las partes del cuerpo deben emplear los términos *ojos*, *nariz*, *pene* y *vulva*. Los padres suelen ser reticentes a utilizar dichas palabras, que pertenecen al léxico adulto, pero ¿por qué los niños no pueden aprender las palabras correctas desde el principio? Es mucho más difícil y avergonzante volver a aprenderlas luego. Usar eufemismos transmite el mensaje encubierto de que algo no anda bien, que los genitales son privados y de eso no se habla o da vergüenza. Dado que es probable que los progenitores no hayan jugado al juego de la identificación cuando eran chicos, les puede resultar incómodo decir los términos correctos y repetirlos ante sus hijos.

A pesar de estas preocupaciones, una lección simple de anatomía *puede ser muy divertida* para la mayoría de los niños en edad preescolar. Suelen reírse cuando les nombramos las partes del cuerpo. Ríase con ellos, eso lo ayudará a romper la tensión y a que no pierdan interés. Aproveche para crear un momento oportuno repasando la importancia que tiene la privacidad corporal.

Utilice la siguiente lista de definiciones. La mayoría de los niños de esta edad saben nombrar las partes componentes de los genitales que aparecen en la Figura 8.1.

La anatomía femenina

Genitales: Nombre general que se refiere a las partes privadas del cuerpo. Se aplica tanto a los varones como a las nenas.

Vulva: Es la palabra correcta para referirse a los genitales femeninos que se pueden observar a simple vista. Se recomienda usar esta palabra en lugar de decir "ahí abajo" o "vagina".

Labios: Son los pliegues de piel que cubren los genitales femeninos. Así como los labios que tenemos en la cara nos protegen de los gérmenes porque no los dejan entrar por la boca, estos labios protegen los órganos interiores. Hay dos, los externos (labios mayores) y los internos (labios menores).

Clítoris: Es una prominencia que podrás ver si separas los labios, despacio. (Deberá decidir cómo se lo explicará a su hija, sin sentirse incómoda. Por ejemplo, le puede decir: *"Es una parte muy sensible de tu cuerpo, y aprenderás más sobre esto cuando seas más grande"*, o *"Es una parte muy sensible de tu cuerpo y te produce una sensación agradable cuando la tocas"*.

Figura 8.1.
Los genitales femeninos

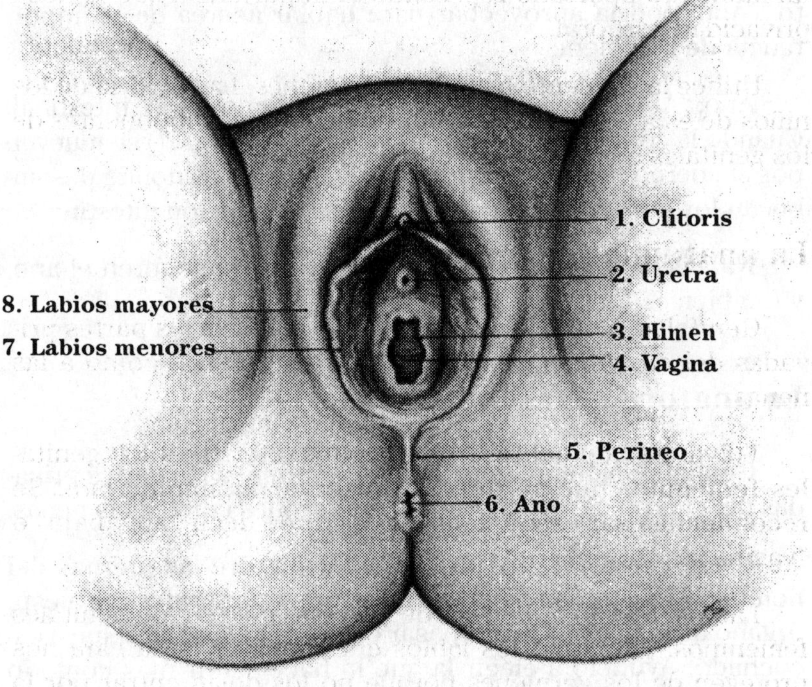

Uretra: Abertura que se encuentra justo debajo del clítoris y es por donde sale la orina. Está conectada a la vejiga, órgano parecido a un globo, que retiene la orina en el cuerpo. Es difícil verla porque es muy pequeña.

Himen: Capa de piel delgada que se encuentra en los bordes de la apertura de la vagina.

Vagina: Es la siguiente abertura, fácil de ver. También es el canal del nacimiento. (No es necesario que los niños menores de cinco o seis años conozcan en este momento todo el proceso del nacimiento. Lo sabrán más adelante.)

Perineo: Parte de la piel que está entre la vagina y el recto. (Aquí podría aprovechar para hablar acerca de la importancia de la higiene.)

Ano: Abertura por donde sale la deposición intestinal. Cuando la comida se digiere, las heces (o "el popó") se mueven por el cuerpo hasta que salen por el ano, que es donde desembocan los intestinos. Por eso se llama "deposición intestinal".

Nalgas: Son los dos músculos grandes que cubren el ano, y también se los llama la "cola".

La anatomía masculina

Genitales: Nombre general que se refiere a las partes privadas del cuerpo. Se aplica tanto a los varones como a las nenas.

Pene: Parte del cuerpo, que cuelga entre las piernas del hombre. (Hay tantas palabras informales para referirse a este órgano que tal vez desee repasar con su hijo las que él haya escuchado. Ayúdelo a elegir la que lo hace sentir más cómodo pero recuerde que, cuando crezca, la palabra *pene* será la más apropiada.)

Uretra: Abertura que se encuentra en el centro del pene, por la cual salen del cuerpo la orina y el semen, aunque nunca al mismo tiempo.

Glande: También conocido como "la cabeza del pene". Es la parte que queda más lejos de donde el pene se una al resto del cuerpo.

Circuncisión: Procedimiento que se suele realizar a los bebés, en el cual se quita una parte del *prepucio*. (Aproveche para repasar las creencias religiosas o preferencias familiares con respecto a este tema.)

Figura 8.2.

Los genitales masculinos

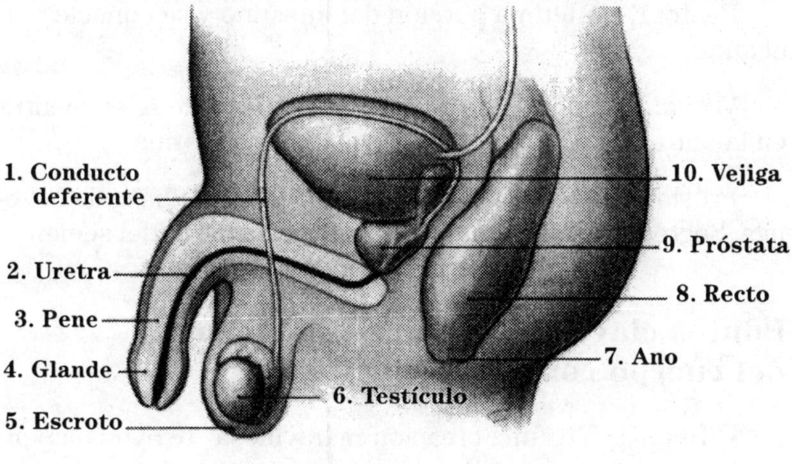

Prepucio: Tejido que cubre al pene. Los varones que no fueron circuncidados deben retirar el prepucio hacia atrás, suavemente, cuando se lavan. En la parte interior se acumula una secreción normal que debe lavarse con regularidad, pero no hay que hacerlo retirando el prepucio hacia atrás con fuerza porque resulta doloroso.

Testículos: Son dos cuerpos redondos o con forma de almendra que cuelgan debajo del pene. Se los suele llamar "bolas". A veces, un testículo puede quedar más abajo que el otro, pero ambos deben estar en el escroto cuando el individuo no está excitado sexualmente.

Escroto: Es el nombre correcto del tejido que parece una pequeña bolsa y que sostiene los testículos.

Perineo: Espacio entre los testículos y el ano.

Ano: Lugar por donde salen las heces (o "el popó").

Nalgas: Son dos músculos grandes que cubren el ano, también conocidos como la "cola".

Recto: Es la última porción del intestino y se conecta con el ano.

Vejiga: Es un órgano similar a una bolsa, que se encuentra en la parte baja del abdomen y que retiene la orina.

Próstata: Glándula masculina que está en la base de la vejiga. Segrega un líquido lechoso que forma parte del semen.

Puntos clave para hablar de las partes del cuerpo con los preescolares

- Tu cuerpo es una creación maravillosa. Te ayuda a pensar, a divertirte, a sentirte bien.
- El cuerpo de las nenas y de los varones tiene muchas partes que son iguales y otras que son diferentes.
- Los varones tienen pene, escroto y testículos.
- Las nenas tienen vulva, clítoris, vagina, uretra y ovarios.

Conforme su hijo vaya creciendo, o aumente su madurez, tal vez desee brindarle mayor información. (Ver la clave 30, "La curiosidad sexual", para algunos consejos sobre el desnudo en el hogar.)

9

LA IMAGEN CORPORAL

Cuanto antes aprenden a apreciar el valor del cuerpo, más sólida es la imagen que los niños tienen y que luego proyectan en la etapa preadolescente, la adolescente y, por último, la adulta. Durante la primera infancia, alcanzan hitos en su desarrollo motor que les brindan la oportunidad de valorar más su cuerpo. Ante cada nueva adquisición, como aprender a andar en bicicleta, a jugar al fútbol, a nadar o a saltar la soga, surgen momentos valiosos para que los padres comenten qué poderoso, útil y sorprendente es el cuerpo del niño.

Los niños aprenden desde pequeños que los cuerpos son diferentes, tienen distinta forma, tamaño y color. No todos tienen la misma altura. Algunos son de una raza; otros, de otra; y otros son una combinación de razas. Todas estas diferencias forman parte de nuestra herencia y debemos rendirles homenaje. Los padres deben enseñar a sus hijos a aceptar la diversidad que nos ofrece la sociedad y a sentir orgullo por eso.

El cuerpo del niño se define en gran medida por la herencia. Características tales como la forma del cuerpo, el color de la piel, el cabello, y los ojos, etc., están determinadas por los rasgos físicos de los padres y los abuelos y se pueden rastrear del lado materno o paterno. En algunos casos, los niños heredan una combinación de características de cada lado; como por ejemplo, la nariz de la madre y el mentón del padre.

A la mayoría de los niños les gusta parecerse a sus padres o hermanos, en especial si tienen una buena relación con esas personas y más aún si son del mismo sexo. El sentido de pertenencia es una necesidad universal que les otorga a las personas un significado y un sentido de continuidad.

Los niños de hoy crecen en una sociedad que idealiza la figura delgada. El parámetro es una imagen fantasiosa del cuerpo "ideal". La representación de esta forma perfecta de los medios masivos de comunicación está tan lejos de la realidad que raya con la ciencia ficción. La gente real, al menos la que compone la mayor parte de la sociedad, es muy diferente. Sin embargo, el "cuerpo perfecto" aparece por todos lados, en revistas, en juguetes (como la muñeca Barbie y el muñeco Ken), en los avisos publicitarios que pasan por televisión, en videos y en libros. Tanto a los padres como a los hijos se les inculca que uno nunca es demasiado delgado o delgada. Es una tarea hercúlea para los padres desandar luego el camino para cambiar el mensaje de que lo delgado es bueno, pero debemos asumir el compromiso y enseñar que lo bueno es lo saludable. Nuestros hijos necesitan ver que nosotros como padres aceptamos los distintos tipos de cuerpos y no criticamos el cuerpo de los demás. Deben saber que las diferencias de las personas no pueden ser el blanco del ridículo o la burla.

Los niños de seis a doce años aprenden a asumir mayores responsabilidades con respecto a su higiene personal, conforme van creciendo. El proceso gradual de adquisición de hábitos tendientes a la buena salud, como alimentarse de manera correcta y hacer ejercicios físicos, se suma al sentido de sentirse bien que hayan desarrollado. También refuerza el concepto de que son dueños de su cuerpo, que deben cuidarlo y sentirse bien con él.

A medida que ingresan en la etapa adolescente, se sienten disconformes con su aspecto físico. Algunos desean ser más altos o más bajos, otros quieren tener otro tipo de cabello: enrulado, lacio u ondulado. La mayoría no sabe lo que quiere y espera con ansiedad a ver qué pasará. Muchos tienen sentimientos encontrados con respecto a los cambios que ocurren en la etapa adolescente. Algunos optan por retraerse, se aíslan y hacen grandes esfuerzos por sentirse más a gusto con su aspecto físico y sus sentimientos. El cuerpo cambia de una manera que queda fuera de su control y si al fin no encajan con el molde perfecto que les impone la norma social, sienten que el mundo se les viene abajo. Es cierto que la mayoría de los cambios que les acontecen están fuera de su control. El aspecto físico está predeterminado por el legado genético de ambos padres. Claro que lo que coman afectará ese aspecto, pero hasta la obesidad y el acné se enmarcan dentro de los componentes genéticos. No obstante, es conveniente insistirles en que adopten hábitos alimenticios sanos, especialmente dándoles el ejemplo. Siempre debe haber alimentos sanos en la casa y los padres deben comer con moderación. Su hijo se beneficiará si esa máquina que es su cuerpo funciona correctamente.

Sin duda, el ejercicio ejerce influencia sobre el aspecto físico, pero no modifica la contextura corporal. No obstante, es muy importante que durante los años que preceden a la adultez, los niños aprendan y desarrollen un estilo de vida que los acompañe por siempre. Los deportes ofrecen una excelente ocasión para hacerse de amigos y cultivar el sentido de pertenencia. Quienes no disfrutan del deporte, pueden realizar otras actividades, tales como caminar, andar en bicicleta y saltar a la soga. El ejercicio físico realizado con constancia favorece la salud mental y física.

Puntos clave

- Practique buenos hábitos alimenticios en su hogar.
- Fomente la práctica regular del ejercicio físico. Su hijo puede realizar deportes en la escuela o en el club o centro comunitario de la zona, caminatas o paseos en bicicleta por el barrio, solo o con amigos.
- Fomente también los logros cotidianos vinculados con el crecimiento físico y alabe a su hijo en dichas oportunidades. El simple reconocimiento de la pérdida de los

dientes de leche y la aparición de las piezas permanentes reviste un gran valor.

- Comparta con su hijo o hija los antecedentes de su familia. Puede hacerlo mostrándole fotos, haciéndole participar en las reuniones familiares, etc. El sentido de pertenencia a un círculo familiar más amplio es esencial para un chico.
- A los preadolescentes les preocupa mucho su aspecto físico. Vaya de compras con ellos y ayúdelos a escoger prendas apropiadas. En ocasiones esto puede constituir todo un desafío: ¡hace falta mucha paciencia para mantener la calma en el probador de ropa de una gran tienda! Considere la posibilidad de que los acompañe algún amigo/a de su hijo/a. Sea tolerante y procure que la experiencia culmine con un toque positivo, por ejemplo invitando a su hijo a festejar la compra tomando juntos una gaseosa con un pedazo de torta en alguna confitería.
- Dése tiempo para señalarle qué lejos de la realidad están los avisos publicitarios que aparecen en las revistas, los carteles callejeros y la televisión. La mayoría de las imágenes que allí se ven han sido retocadas muchas veces y no representan a seres humanos corrientes.
- Si su hijo adolescente parece particularmente disgustado con los rasgos físicos que le tocaron en suerte, tal vez deba buscar el auxilio profesional de algún especialista. Orejas muy salientes, una nariz en forma de gancho y otras características congénitas merecen una particular evaluación.
- Elogie el físico de sus hijos, cada vez que pueda. Cuando se le aparezcan con alguna ropa nueva, no deje de señalarles cuán elegantes o atractivos están. Un cumplido sencillo, viniendo de uno de sus progenitores, puede ser recordado para siempre por un chico o chica.

10

¿QUÉ ES LO NORMAL?

La pubertad es esa etapa en la que el cuerpo de los chicos comienza a cambiar y a desarrollar la capacidad de reproducirse. Es un proceso natural y normal que se manifiesta en todos los seres humanos. En ninguna otra etapa, excepto durante la infancia, el cuerpo cambia de una manera tan abrupta como lo hace durante la pubertad. Este es un período en que los progenitores empiezan a advertir el crecimiento físico de sus hijos, cambios en la forma del cuerpo y una creciente independencia emocional.

La pubertad puede ser estresante tanto para los progenitores como para los adolescentes; la mayoría de los progenitores son conscientes de los trastornos que sobrevienen con la adolescencia y muchos recuerdan sus propios años adolescentes, con sentimientos entreverados. Tal vez los padres trasladen a esta etapa de la vida de sus hijos sus propias perspectivas acerca de cómo era todo cuando ellos eran adolescentes. Para algunos pueden existir algunos temas sin resolver que se remontan a su preadolescencia y resurgen al ver a sus hijos luchando con problemas similares. De esta manera, la pubescencia de sus hijos puede brindarles la oportunidad de que finalmente traten viejos asuntos personales, de modo que esta etapa de crecimiento, sea no sólo para sus hijos sino también para ellos.

Los padres que disfrutaron con su hijo de un viaje verdaderamente agradable a lo largo de los primeros años pueden entristecerse y mortificarse a medida que este, ya adolescente, cambia y comienza a separarse emocionalmente. Para otros, el inicio de la pubertad es un momento feliz, porque descubren que disfrutan relacionándose con sus hijos a un nivel más adulto. Sin embargo, en otros casos, se agudizan las preocupaciones por una conducta riesgosa potencial, una posible disminución en el rendimiento escolar y el aumento de las presiones sociales.

A medida que los chicos y chicas atraviesan la pubertad, algunos de los cambios que experimentan son similares y algunos diferentes. La edad en que la pubertad comienza y finaliza varía en gran medida de un niño a otro. Por eso, las edades que aquí se mencionan son todas aproximadas. Cada niño avanzará a su propio ritmo y se le debe transmitir la tranquilidad de que ese ritmo es el correcto.

Para la mayoría de las niñas, la pubertad comienza aproximadamente a los nueve o a los diez años, aunque puede empezar a cualquier edad entre los ocho y los quince. Si una niña tiene quince y no ha experimentado ninguno de los cambios sexuales relacionados con la pubertad, debería ver a un médico. El proceso completo de crecimiento pubescente puede llevar de un año y medio a ocho o nueve años.

La mayor parte de los varones comienzan los cambios puberales a los once o doce años. También en este caso existe una amplia variación. La pubertad en los varones puede iniciarse a una edad tan temprana como los nueve años o tan tardía como los catorce. Todos los cambios pueden producirse en un tiempo corto, como cuatro años, o llevar hasta ocho años en completarse. Cuanto más tarde el niño comienza a experimentar los cambios puberales, más tiempo le requerirá completarlos. Algunos adolescentes varones continúan creciendo hasta el final de su adolescencia. Ambos extremos del espectro son normales. Si un varón alcanza los quince y no presenta signos relacionados con la pubertad debe ver a un médico.

Si bien la duración de los cambios puberales varía de niño en niño, se conoce con certeza la secuencia de los hechos. No obstante, los comienzos y finales de las distintas transformaciones se superponen.

Las niñas

Por lo general, las niñas presentan crecimiento del busto y vello púbico antes de su primer período menstrual, pero el tamaño del busto y la distribución del vello púbico no alcanzarán el tamaño adulto hasta más adelante. Si una niña tiene su primer período antes del crecimiento del busto, debe ser vista por un médico para asegurarse de que no existe ningún trastorno físico subyacente. La secuencia de los hechos es la siguiente:

- Comienzo del crecimiento del busto
- Estirón (aumento de la estatura)
- Vello púbico
- Primera menstruación (menarca)
- Vello debajo de las axilas
- Fin del crecimiento del útero y de la vagina

En distintas etapas a lo largo de la pubertad se pueden advertir otros cambios, tales como la aparición de acné y de olor corporal.

Los varones

Los varones comienzan la pubertad poco después que las niñas, normalmente a los once o doce años. La mayoría de los cambios puberales se superponen, tanto es así que muchos ocurren al mismo tiempo. Si un niño sufre de excesivo acné a los diez pero no presenta ninguno de los otros cambios físicos relacionados con la pubertad, debe ver a su médico. Los cambios puberales de los varones son menos visibles que los de las niñas, y en consecuencia, no siempre son evidentes para sus progenitores. La secuencia general del desarrollo es la siguiente:

- Crecimiento del escroto y de los testículos
- Crecimiento del pene
- Estirón
- Vello púbico
- Primera eyaculación
- Cambio de la voz
- Vello debajo de las axilas

Las Claves 11 a 19 tratan estos cambios, de manera más detallada.

11

CRECIMIENTO DEL BUSTO

El crecimiento del busto es uno de los primeros signos de la pubertad en alrededor del 85 % de las niñas. A la mayoría les crece el busto entre los nueve y los trece años. Existen criterios bien establecidos para calcular el crecimiento del busto, denominados valores de madurez sexual. (Estos valores también se aplican al vello púbico, que se tratará más adelante). El crecimiento del busto incluye cinco etapas; la primera está representada por la niña prepuberal sin busto y la quinta representada por la mujer joven con busto adulto y totalmente formado.

La progresión a lo largo de estas etapas es gradual. Puede llevar de cuatro a cinco años. Sin embargo, algunas niñas crecen más rápido y alcanzan la madurez en uno o dos años. No hay manera de acelerar el crecimiento o desacelerarlo. Las niñas pueden advertir ciertos bultitos por debajo de los pezones, en las primeras etapas. Pueden sentir sensible esta zona, pero en realidad eso es normal. Aquí se encuentra el tejido glandular que más adelante contribuirá a la producción de la leche materna para amamantar a los bebés. Tampoco es inusual que un pecho crezca más que el otro. Esta desigualdad inicial es común, y con el tiempo ambos pechos alcanzan por lo general el mismo tamaño, aunque no es raro que sean un poco asimétricos.

Algunas preadolescentes se preocupan por el tamaño de su busto una vez completado el crecimiento. Es importante que la madre o el padre tranquilicen a su hija diciéndole que su busto será del tamaño adecuado para ella. Nada de lo que ella haga o no haga influirá en el aspecto natural de su busto. El crecimiento del busto se predetermina genéticamente, de una manera similar a la estatura, la forma del cuerpo y el color de los ojos. Desafortunadamente, es erróneo el énfasis que pone nuestra sociedad en el tamaño del busto como un aspecto atractivo de la feminidad. Además, el tamaño del busto no tiene relación alguna con la capacidad femenina para producir leche o para disfrutar de una vida sexual satisfactoria.

Como regla general, una vez que una niña comienza a notar que sus pezones sobresalen o que el busto se torna sensible, es hora de que use alguna prenda entre el busto y la ropa exterior; un corpiño, camiseta o enagua son algunas opciones. A la mayoría de las niñas les incomoda preguntarles a sus madres cómo encarar el tema del busto; entonces las madres tendrán que tomar la iniciativa y sugerir el siguiente paso.

La madre puede aprovechar la oportunidad y convertirla en una ocasión especial para salir de compras con su hija, comprarle un corpiño y luego celebrar haciendo algo que su hija disfrute en particular. Gran parte de los centros comerciales tienen vendedoras que pueden sugerir distintos modelos de corpiño y ayudar con las medidas. Es posible que su hija tenga que probarse varios modelos antes de encontrar el corpiño adecuado y cómodo para ella, así que no se desanime. Una vez que estos bultitos aparecen, continuarán creciendo durante los próximos dos años o más. Durante este período, las madres deberán volver a las tiendas varias veces para elegir nuevos corpiños.

Muchas chicas son muy sensibles a la idea de usar corpiño, aunque están las del otro extremo del espectro, que no ven la hora de usar uno, tengan busto o no. Si su hija es sensible al crecimiento, se mortificará si usted le cuenta a otras personas acerca del crecimiento de su busto y de su necesidad de usar corpiño (en particular si lo hace sin pedirle autorización). Por lo tanto, tenga en cuenta sus sentimientos. A continuación reproducimos un modelo de diálogo:

—Hola, tesoro, ¿cómo estás? ¿Sabes?, he observado que te estás poniendo muy linda este último tiempo. Estás más alta y te está creciendo el busto. ¿Te diste cuenta?

En ese momento, observe qué le expresa el lenguaje corporal de su hija. ¿Se muestra incómoda? ¿Sonríe de manera espontánea o se muestra inquieta o nerviosa? ¿Evita mirarla a los ojos? ¿Se la ve animada? ¿Espera silenciosamente su próximo comentario?

Continúe la conversación diciendo:

—Sería bueno que comiences a usar corpiño. ¿Lo pensaste?

Si dice ¡NO!, no insista. Deje el tema para un par de semanas más adelante y luego sáquelo nuevamente. Finalice agregando :

—Me avisas cuando te parezca que estás preparada o ¿preferirías que te vuelva a preguntar en un par de semanas?

Por el contrario, si su hija responde con entusiasmo: "*¡Sí, quiero usar uno! Todas las otras chicas en la escuela ya lo usan*", no hay mejor ocasión para salir de compras con ella.

La mayoría de los preadolescentes se sienten aliviados de saber que sus madres están prestando atención a los cambios de su cuerpo y que probablemente advertirán si sucede algo fuera de lo común. No obstante, no todas las niñas se sienten cómodas ante la atención que prestan sus progenitores a su crecimiento. Si su hija pertenece a este último grupo, tenga paciencia. ¡Nunca dijo nadie que la pubertad fuera fácil!

Con el crecimiento del busto y con la nueva ropa interior que debe usarse, sobreviene una importante oportunidad para repasar con su hija el hecho de que su cuerpo es algo íntimo. Antes de la pubertad, a la mayoría de los chicos se les cuenta que nadie debe tocar las partes íntimas de su cuerpo, refiriéndose a las cubiertas por el traje de baño. Para los varones, las partes íntimas abarcan los genitales y la cola. Para las chicas, abarcan los genitales, la cola y el busto. Entonces, cuando le cuente a su hija acerca de los cambios en el busto y hablen de corpiños, conviértalo en un momento educativo para rever con ella el concepto de intimidad una vez más. Durante esta charla, asegúrele a su hija que, cuando sea mayor, en alguna relación amorosa con otra persona, probablemente disfrute de que le acaricien el busto. Haga hincapié en que la decisión de permitirlo o no la tomará ella misma más adelante.

Por lo general, se recomienda que no se les enseñe a las preadolescentes practicar un autoexamen del busto. El cáncer de mamas es extremadamente raro durante la preadolescencia y la adolescencia. Dados los grandes cambios que acompañan la pubertad, es demasiado pedirles a las jóvenes que asuman la responsabilidad de autoexaminarse para detectar la presencia del cáncer. Sin embargo, una vez que las jovencitas comienzan con sus menstruaciones, y no después de los quince años, un médico o enfermera debe enseñarles a autoexaminarse el busto. Estos profesionales lo harán en un contexto adecuado, para que aprendan un hábito saludable en lugar de asustarlas con el cáncer. Las adolescentes deben sentirse cómodas con su cuerpo y saber reconocer los cambios físicos que puedan ser significativos. Se debe inculcar el autoexamen del busto como una manera de cuidar el cuerpo, al igual que con las toallas femeninas o con el cepillado de los dientes.

Los varones y el crecimiento del busto

Durante la pubertad, los varones también pueden experimentar cierto crecimiento del busto. No es extraño que un niño de trece o catorce años note pequeños bultos debajo de la zona de los pezones. Estos bultitos pueden ser del tamaño de una arveja, a veces en un pecho o en ambos. También existe cierto crecimiento del busto, denominado ginecomastia. Ambas apariciones son totalmente normales y desaparecen con el tiempo y la tranquilidad. Si el crecimiento del busto es pronunciado o molesto para el preadolescente, los progenitores deben recurrir al asesoramiento profesional.

Preguntas comúnmente formuladas por los preadolescentes y respuestas adecuadas

Me duele mucho el busto. ¿Cuál es la causa?

Tu pregunta es muy importante. En primer lugar, es muy común que las jovencitas tengan el busto muy sensible. Es algo normal. A medida que atraviesas la pubertad, ciertas hormonas producen cambios en tu cuerpo. Estas hormonas le dicen al busto que crezca. A medida que el busto crece, la piel se estira y puedes sentir que, a causa de esa presión, te resulte más sensible. Este malestar pasará con el tiempo, pero puede volver durante ciertas etapas de tu ciclo menstrual, o inmediatamente antes de tu período.

Algunas mujeres nunca usan corpiño ¡Nunca! ¿El busto realmente se cae si no usas camiseta o corpiño?

Es cierto que algunas mujeres optan por no usar corpiño en absoluto. Esta es una elección personal. En algunas culturas, la costumbre es andar sin corpiño. En nuestra cultura, puede usárselo o no y puede cambiar según la moda. Con poco busto, no usar corpiño puede estar bien. Sin embargo, la mayoría de las mujeres con mucho busto usan corpiño por comodidad y porque les sostiene el busto; y además, los corpiños impiden que el busto se bambolee demasiado al caminar, correr o jugar. Usar corpiño o no es una decisión que se basa en la comodidad. No existen pruebas de que usar corpiño impida que el busto se caiga más adelan-

te. Debido a la ley de la gravedad, la mayoría de los bustos tienden a caerse.

¿Tendré poco busto, como tú?

Ya que tú y yo nos parecemos (o tú y tu madre se parecen, si es el padre el que responde), es posible que nuestro busto (el busto de ambas) sea de un tamaño similar. Pero existen muchos tamaños y formas distintas de bustos. Así como tú heredaste el color de los ojos, la estatura, y todas las otras características de papá y de mí (de mamá y de mí) nosotros las heredamos de nuestros padres, y a su vez ellos de los suyos: tú eres una mezcla de todos nosotros. Así que tu busto tal vez se asemeje más al de la abuela que al mío (que al de mamá). Todavía no estamos seguros. Pero lo que sí sabemos es que no importa como sea, será el adecuado a ti.

El crecimiento del busto forma parte integral del proceso por el cual una joven se convierte en una mujer adulta. Más adelante, su pecho podrá alimentar a su recién nacido. Seguramente, a lo largo de su vida, nuestras hijas serán bombardeadas por mensajes confusos por parte de la sociedad acerca de la importancia del tamaño y forma del busto. Los progenitores podemos alimentar la saludable autoestima de nuestras hijas recordándoles con frecuencia que su busto es el adecuado para su cuerpo, que es una parte íntima y que deben cuidarlo como cuidan las otras partes del cuerpo.

¿Puede la actividad física aumentar el tamaño de mi busto?

La actividad física saca músculo, pero en el busto no hay músculo (en su mayoría es tejido adiposo y glandular), y por ende, la actividad física no puede aumentar su tamaño. Pero actividades físicas tales como la natación pueden fortificar los músculos que sostienen el busto. Recuerda, el tamaño de tu busto se determina por los genes que heredaste de mí y de papá (de mamá y de mí).

12

EL ESTIRÓN

Uno de los signos inequívocos de la pubertad es el estirón. Este crecimiento rápido es impulsado por la aparición en el cuerpo de las hormonas sexuales y del crecimiento. Al igual que la mayoría de los otros cambios corporales que ocurren durante la pubertad, está fuera de nuestro control. Es regulado internamente por la composición genética que heredamos de nuestros padres. La mayor parte de las niñas experimentan el estirón alrededor de los nueve años, pero puede iniciarse incluso a los trece. En los varones puede comenzar entre los doce y los catorce años.

Junto con este crecimiento rápido, el cuerpo adquiere una nueva forma. En las niñas se pronuncian las curvas alrededor de la cadera, ya que se acumula grasa por obra de los cambios hormonales. La cintura se afina, y las nuevas curvas determinan una figura cambiante. En respuesta a la aparición de la testosterona, una hormona masculina, los varones desarrollan más masa muscular, y se les ensancha el tórax y los hombros.

El apetito aumenta para facilitar el nuevo crecimiento. Los preadolescentes necesitan mayores raciones de comida para acompañar la rápida transformación de su cuerpo. Esta es una etapa en que tanto los chicos como los progenitores comienzan a preocuparse acerca de un excesivo aumento de peso. Pueden desatarse batallas por la comida. Sin embargo, en este momento los padres deben estar alertas de que la comida que consuma el preadolescente esté estrictamente bajo el control de ellos. En realidad, siempre lo estuvo. Los progenitores pueden servir de buenos ejemplos mostrando hábitos saludables de alimentación, y abastecer la despensa de la familia con opciones nutritivas; pero la cantidad de comida que consumen sus hijos depende de estos, como también lo que comen cuando se encuentran lejos de casa.

El aumento de peso en las niñas

Antes de la pubertad, las chicas aumentan aproximadamente dos kilos por año. Sin embargo, durante el estirón, el 95 % de ellas aumenta entre cinco kilos y medio y diez kilos y medio por año. El promedio se calcula en ocho kilos. Una vez que las niñas comienzan con su menstruación, la velocidad de su crecimiento y de su peso se desacelera, y alcanzan su estatura adulta final aproximadamente dos años más tarde. El aumento de peso variará a lo largo de toda la vida, pero, hasta cierto punto, está genéticamente controlado. Seguir una dieta equilibrada y mantener una actividad física son hábitos saludables fundamentales que, si se los fomenta durante este período de cambio, pueden continuar de por vida. El apetito en las niñas también puede variar durante los ciclos menstruales: tal vez se advierta cierto aumento en el apetito en la segunda mitad del ciclo.

El aumento de peso en los varones

Los varones no experimentan ningún estirón hasta después de que sus órganos sexuales hayan comenzado a cambiar. Primero crecen los testículos y el escroto, a lo que le sigue un aumento en el ancho y longitud del pene. Luego, alrededor de los trece o catorce años, comienza el estirón. Esto sucede aproximadamente dos años después que en las niñas. Además, los varones siguen creciendo durante mayores lapsos que las niñas. Este crecimiento más tardío y prolongado de los varones explica, en parte, la diferencia de estatura en la adultez, que hace que la mayoría de los hombres sean más altos que la mayoría de las mujeres.

Uno de los cambios puberales que los varones parecen

disfrutar más está relacionado con las alteraciones en la forma del cuerpo. Los cuerpos tienden a acumular más tejido muscular en los hombros, tornándolos más anchos. También se desarrollan músculos en los muslos y brazos, otorgándoles a los jóvenes más fuerza física y agilidad. Sin embargo, mientras los chicos crecen rápidamente, sus brazos y piernas parecen demasiado largos. Tanto a ellos mismos como a sus progenitores les puede parecer que las extremidades crecieron más que el tronco; quizá se los ve desgarbados y torpes en sus movimientos a medida que se van adaptando a las nuevas dimensiones de su cuerpo.

El aumento de peso en los varones durante la pubertad es de aproximadamente nueve kilos por año. El 95 % de los niños aumenta un promedio de seis a doce kilos y medio por año. Al igual que en las niñas, el apetito se acrecienta para adaptarse al aumento de peso. Durante estos años, los hábitos alimenticios saludables son de suma importancia para asegurar que en la vida adulta prevalezcan pautas saludables.

Tamaño de los pies

Otro aspecto impresionante en el crecimiento de varones y niñas son los pies. Estos pueden crecer más rápido que otras partes del cuerpo y alcanzar el tamaño adulto antes que el resto. A algunos progenitores les preocupa que los pies de sus hijos no dejen de crecer nunca. Si un niño tiene el tamaño del pie de un adulto a los doce o trece años, ¡para fines de la pubertad necesitará canoas! Afortunadamente, los pies crecen más lentamente durante las últimas etapas de la pubertad y alcanzan el tamaño adulto antes que el resto del cuerpo.

Cambios en la voz

Así como aumentan el tamaño y el peso del cuerpo, también la laringe (órgano de la voz) crece durante la pubertad. A ello se deben los cambios en el registro y en el tono de la voz, que se observan más que nada en los varones. Un preadolescente puede oír como se le quiebra la voz, especialmente mientras está cantando. Este cambio en el tono de la voz es algo que no se puede predecir ni controlar. En realidad, al comienzo, la voz en proceso de cambio es muy impredecible. Con el tiempo, se acomoda y adquiere el tono y modulación que tendrá en el adulto. En las niñas, el cambio en el tamaño de la laringe es más sutil y el cambio de la voz no es tan evidente.

El cartílago cricoide, o nuez de Adán, es una prominencia ubicada a la altura de la mitad de la garganta. Es más pronunciada en los varones que en las mujeres. Durante el estirón, la nuez de Adán se agranda y se vuelve más prominente, en los varones en particular. Pero no se inquiete si a su hijo no le crece la nuez de Adán porque, si bien es normal en algunos, no todos los varones experimentan este cambio.

Preguntas comúnmente formuladas por los preadolescentes y respuestas adecuadas

¿Puedes decirme qué estatura tendré?

Yo también estaba ansioso por saber qué estatura tendría en definitiva. Un viejo dicho expresa: "Progenitores altos tienen hijos altos, y progenitores petizos tienen hijos petizos". Pero esto no siempre es cierto. Podemos calcular qué estatura tendrás, sobre la base de lo que creciste hasta ahora. Se puede utilizar un cuadro de crecimiento para calcular tu altura y peso basándose en tu edad. Luego se sigue la curva de crecimiento para estimar cuánto crecerás de ahora en adelante. Tenemos uno de estos gráficos en las primeras hojas del libro de cuando eras bebé. (Podemos pedirle al doctor que nos muestre uno de estos gráficos.) Así calcularemos tu estatura. Pero recuerda que los gráficos no siem-

pre son exactos. Heredamos nuestras características de varias personas, no sólo de nuestros padres.

Otro método para calcular tu estatura final es sumar la de tu mamá y la mía (la de tu papá y la mía) y dividirlas por dos. Como eres un varón, le sumaremos 6,35 cm. Si fueras mujer se lo restaríamos. Pero recuerda que esta fórmula no siempre es correcta; es tan sólo una buena estimación. El mejor método de calcular tu estatura final es el tiempo. ¡Espera y ya lo verás!

Soy petiza para mi edad, y ya tuve mi primer período. ¿Creceré alguna vez?

Tu mayor estirón ocurrió antes de tu primer período. ¿Te acuerdas qué rápido creciste? Ahora que ya menstrúas, tu crecimiento se ha desacelerado. De cualquier modo, seguirás creciendo un poco más, y probablemente alcances tu estatura final dentro de unos dos años (dos años desde tu primer período).

¿Hasta qué punto tiene que ver la genética con la forma de mi cuerpo, mi estatura final y mi peso?

Tu estatura final, el tamaño del busto y la forma de tu cuerpo están predeterminados por los genes que recibiste de papá y de mí (de mamá y de mí). Muy poco o nada puede hacerse para cambiar la forma básica del cuerpo. A veces la raza, la alimentación, la actividad física y el pasado étnico determinan cuándo inicias tu período y la forma de tu cuerpo.

Si los progenitores están preocupados acerca del crecimiento de sus hijos, deben consultar a un médico, pero han de recordar que todos los niños no se desarrollan a un mismo ritmo. El crecimiento es regulado por hormonas que, a su vez, son controladas por la genética. Si bien el aumento de peso y el hecho de que haya partes del cuerpo no desarrolladas son características normales durante la pubertad, los chicos son sensibles a estos cambios, y la actitud tranquilizadora de los padres es importante para la autoestima de ellos. Somos modelos para nuestros hijos; nuestros propios hábitos alimenticios saludables y el hecho de mostrarles que estamos a gusto con nuestro cuerpo harán que se conviertan en jóvenes sanos y seguros de sí mismos.

13

OLOR Y VELLO CORPORAL

Olor corporal

A medida que los preadolescentes atraviesan la pubertad, todos los sistemas de su organismo comienzan a actuar a toda máquina. Aumentan la transpiración y la grasa que se segrega en la superficie de la piel. La transpiración, o sudor, es el elemento natural que el cuerpo produce como parte del sistema de enfriamiento. Apenas la transpiración corporal entra en contacto con el aire, se siente un olor que es más evidente, y hasta desagradable, para los demás y no tanto para la propia persona. Los progenitores pueden percibirlo en sus hijos ya a una edad tan precoz como los siete u ocho años. Por lo general, los preadolescentes no sienten el olor, y pueden sentirse molestos cuando se les hace notar que lo tienen. De todos modos, es necesario recordarles amablemente la necesidad de ducharse con regularidad y de usar desodorantes o antitranspirantes.

Los desodorantes disimulan por completo el olor del cuerpo. En cambio, los antitranspirantes impiden la transpiración. Existen muchos productos en el mercado que combinan las propiedades de los antitranspirantes y las de los desodorantes. La elección por uno de los dos es una cuestión personal. Al elegir un producto debe tenerse en cuenta la fragancia (o tal vez sea inodoro), el precio, el modelo (ya sea en pasta o a bolilla) y la resistencia. Controle que su hijo no sufra reacciones epidérmicas cuando utilice por primera vez un desodorante o antitranspirante. Si después de usar el producto uno o dos días su hijo preadolescente padece de una irritación y/o picazón debajo de las axilas, debe dejar de usarlo y lavar bien la zona. La irritación tiene que ir desapareciendo en un par de días. En caso contrario, consulte a un especialista. Afortunadamente, las reacciones alérgicas no son habituales. Ocúpese de decirle a su hijo cuándo y con qué frecuencia debe usar el producto elegido.

Cabellos grasos

Durante la pubertad también hay un incremento en la secreción de la grasa del cuero cabelludo, que le da al cabello un aspecto grasoso. Tal vez el lavado del cabello deba hacerse más a menudo, quizás todos los días o, por lo menos, día por medio y usted deba recordarle a su hijo que, ahora que ya es mayor, una higiene adecuada requerirá dedicación y esfuerzo adicionales. Existen cientos de productos en el mercado, y la mayoría mantiene de manera eficaz el cabello graso bajo control. No obstante, los productos con un alto porcentaje de hidratantes pueden aumentar la grasitud del cabello. Los progenitores pueden orientar a los niños para que elijan productos adecuados a sus necesidades.

Olor y descarga vaginales

En algunas chicas, en particular las que tienen sobrepeso, se puede notar cierto olor corporal proveniente de la zona genital. Esto es normal y puede evitarse mediante una rutina higiénica diaria que incluya un pulcro cambio de la ropa interior. La ropa de algodón suele ser más absorbente que la de otras telas.

Varios meses antes de que las jóvenes comiencen a menstruar, es posible que adviertan una descarga de color claro, viscosa e inodora de la vagina que quizás les deje una coloración amarillenta en la bombacha. Esto es normal. Es la manera que tiene la vagina de limpiarse a sí misma. También durante el ciclo menstrual puede notarse una descarga vaginal. Las duchas no son recomendables para ninguna mujer, sea cual fuere su edad, debido a que pueden interferir con las secreciones propias del organismo y exponer a la vagina a cualquier tipo de infección.

Vello corporal

Poco tiempo después del crecimiento del busto en las niñas y del aumento en el tamaño del escroto y del pene en los varones, aparecerá vello en algunos sectores del cuerpo: piernas, axilas y zona púbica. El crecimiento del vello es un proceso gradual y por lo general pasa desapercibido para los progenitores. Al comienzo, el vello púbico tiene el aspecto de una pelusa oscura. Con el tiempo, esta pelusa se torna más gruesa y se enrula. La configuración final del vello púbico en una mujer adulta es un triángulo invertido. El vello púbico no debe depilarse. Volverá a crecer, pero mientras lo hace, la piel puede quedar sensible e irritarse. El vello púbico contribuye a impedir el ingreso de gérmenes a la zona genital.

En los varones, el vello púbico aparece primero en la base del pene y, con el tiempo, cubre la totalidad de la zona púbica extendiéndose hasta el vientre, con una configuración en forma de diamante. También hay vello en los muslos, el pecho, los brazos y el rostro. Para la mayoría de los varones el vello facial es un signo de masculinidad, y no ven la hora de afeitarse. El vello facial se extiende a las patillas, el mentón y el resto del rostro. El vello en el pecho, la espalda y las axilas acompaña el crecimiento. La vellosidad de los varones en la pubertad es otro aspecto predeterminado por la genética.

El vello de las axilas suele aparecer entre los ocho y trece años en las niñas, y entre los catorce y quince en los varones. No necesariamente tiene que igualar el volumen del vello que aparece en el pubis. En otras palabras, un preadolescente puede tener mucho vello en el pubis y muy poco en las axilas, o viceversa. De la misma manera, el color del vello del pubis puede ser distinto al del vello de las axilas o al del pelo en el cuero cabelludo. En algunas culturas, las mujeres no se depilan el vello de las axilas, pero en otras es más común que lo hagan. Depilarse o no es una decisión personal.

Las jóvenes y el vello en las piernas

Junto con la aparición del vello en el pubis y en las axilas, también se produce un crecimiento del vello en las piernas. La mayor parte de las chicas disfrutan de la conmoción que provoca esta decisión: *Depilarse o no depilarse... y ¿cuándo?* Antes, los progenitores que mostraban cierta reticencia al respecto, con frecuencia les permitían a sus hijas depilarse recién cuando tenían cierta edad. Dicha reticencia puede o no tener una base cultural. En realidad, la edad es menos importante que si la preadolescente se siente incómoda o no con las piernas velludas o que si se siente presionada a depilarse por sus compañeros o amigos. Sin embargo, independientemente de lo que los progenitores sientan, las niñas de esta edad necesitan consejos acerca de los pros y contras de la depilación, y sería mejor que los padres saquen primero el tema en vez de esperar a que lo hagan sus hijas.

Los puntos que se detallan a continuación deben ser aclarados por los progenitores cuando les hablan a sus hijas acerca de la depilación de las piernas:

- Una vez que comiences a depilarte necesitarás seguir haciéndolo para mantener tus piernas suaves. Tal vez decidas dejar crecer el vello de las piernas, pero es bastante molesto. El vello crece lentamente.

- Procura usar una máquina de afeitar limpia cuando te depiles y evitar todos los cortes, porque se pueden infectar. Depilarse requiere toda nuestra atención.
- La crema de depilar o el jabón, esparcidos sobre las piernas antes de depilarlas, hacen que la máquina de afeitar se deslice más fácilmente y que el resultado sea más suave. Además, a medida que vas sacando el jabón o la crema, puedes ver por dónde ya has pasado y por dónde necesitas volver a pasar. Algunos productos de depilación causan irritación de la piel, así que tal vez debas probar varios.
- Asegúrate de que tus piernas estén húmedas cuando las depiles, de lo contrario irritarás la piel.
- Existen otros métodos de depilación, tales como la cera y la electrólisis. Son eficaces pero son más costosos y debe realizarlos un profesional.

Finalmente, los progenitores deben decidir si corresponde que la elección de depilarse ahora o más adelante la tome o no su hija preadolescente. Podrían considerar la depilación como un paso positivo hacia el cuidado independiente del cuerpo por parte de su hija. En todo caso, escuchar con paciencia las inquietudes de esta sobre la depilación los ayudará a asegurar un diálogo fluido cuando surjan temas más serios en el futuro.

14

ACNÉ

El acné afecta a ocho de cada diez adolescentes durante la pubertad, pero también puede aparecer intermitantemente en la adultez. Si bien al progenitor quizá le parezca insignificante, significa un verdadero conflicto para el preadolescente que ya está luchando con su autoimagen y con su cuerpo en constante cambio. En la actualidad se conoce tanto sobre las causas del acné y su tratamiento que no hay razón para que los adolescentes tengan que padecerlo física y emocionalmente. Sus hijos se tranquilizarán al escucharle decir que el acné es algo común y tratable. Si usted lo sufrió de chico, cuénteselo y compréndalos.

Algunas de las características del acné son: acción de las hormonas, secreción de grasa, inflamación e infección. A medida que los preadolescentes recorren la pubertad, las hormonas provocan el aumento de una sustancia grasosa llamada seborrea segregada por glándulas grasosas que se encuentran debajo de la superficie de la piel. La seborrea sale por los poros a la superficie de la piel. Con frecuencia, las células epiteliales se unen y tapan los poros. Los poros tapados y la secreción excesiva de seborrea disponen el escenario para granos e infecciones. Cuando un poro se tapa y la glándula sebácea estalla debajo de la piel, aparece un grano. A veces la acumulación sebácea debajo de la piel se infecta y causa dolor, y en algunos casos, deja cicatrices. Antes de que el acné alcance esta etapa, recurra a la ayuda profesional de un médico clínico o dermatólogo. La administración de un antibiótico oral puede ser extremadamente útil para controlar los casos serios de acné.

El acné no sólo aparece en el rostro sino también en los hombros, la espalda y el pecho. A veces los champúes y acondicionadores a base de aceite pueden provocar acné en la raya del cabello y en la frente.

El mejor comienzo para tener la tez sana es tener la cara limpia. Enséñeles a sus hijos preadolescentes a lavarse la cara regularmente con un jabón suave, pero sepa que el acné no aparece debido a la suciedad o grasa presente en la superficie de la piel. Es la secreción de grasa *debajo de* la piel la que produce los granos y el acné. También debe evitar usarse en el cabello y el rostro los productos con alto contenido de aceite. Pero si estas medidas no son suficientes para desterrar el resto grasoso que queda en la piel, o si los granos ya están apareciendo y causando un estrés físico y/o emocional, es hora de ir a la farmacia. Existen varios productos bien evaluados que impiden o, por lo menos, minimizan la presencia del acné. Elija un producto que contenga benzoílo peróxido. Se ha demostrado que este elemento reduce las bacterias de la piel y la formación de puntos negros. Está presente en una variedad de geles, cremas y lociones. Los niveles de concentración del benzoílo peróxido oscilan entre el 2,5 y el 10 % en los productos de venta libre, pero se lo consigue con mayores niveles de concentración mediante una receta médica. Otra medicación antiacné es la *tretinoína*, un derivado de la vitamina A. La misma se encuentra bajo el nombre de marca Retin-A, que sólo se obtiene con receta médica.

Todos estos productos actúan secando la capa exterior de la piel grasa, a la par que causan una leve irritación y desprendimiento de las células de la piel. De esta manera, las células no se unen ni se tapan. Lentamente la piel se escama y se pela, dejando en su lugar una piel nueva. Debido a que estos productos pueden hacer que la piel de sus hijos esté más sensible que lo habitual, la exposición al sol es un gran peligro. La utilización de una pantalla solar es de suma importancia.

Es difícil predecir con exactitud qué chico es más propenso que otros a la aparición del acné, pero el tipo de piel sin duda desempeña un papel importante. Ciertos tipos de piel segregan más grasa que otros, y de esta manera están más propensos a la aparición del acné. Además, si los progenitores tuvieron acné durante su adolescencia, existe una alta probabilidad de que sus hijos también lo padezcan. No obstante, la ventaja de la piel grasa es que envejece menos que la piel seca. La piel grasa se arruga menos.

Los preadolescentes y los adolescentes que sufren de acné y que consideran la posibilidad de usar productos antiacné necesitan que se les aconseje ser pacientes. Es posible que no adviertan ninguna mejoría hasta después de cuatro a seis semanas y, a veces, hasta después de tres a cinco meses. Por sobre todas las cosas, que no se pellizquen ni traten de apretarse los granitos porque esto lastima la piel y puede dejar cicatrices.

Preguntas comúnmente formuladas por los padres, acerca del acné

¿Cuál es el mejor procedimiento de rutina para el cuidado del rostro en un niño de diez años y medio?

A esta edad, la mayoría de los niños sólo necesitan la higiene básica diaria. Lavarse el rostro con un jabón suave es suficiente. Este es un buen momento para que aprendan a incorporar ese régimen diario de higiene. Si son responsables de sus propios hábitos de higiene antes de entrar en la adolescencia, esto reducirá los roces con sus padres exigentes más adelante. La utilización de astringentes puede eliminar el exceso de grasa en la superficie de la piel, pero no hará nada con respecto a la grasa segregada debajo. Los *pads* (o refregadores) faciales irritan la piel y pueden aumentar la secreción de grasa, así que ahórrese el dinero y evite usarlos.

Lo que uno come, ¿determina si tendrá o no granos?

Existen muchos mitos sobre el acné. Antes, una teoría popular decía que el chocolate o los alimentos grasos lo empeoraban. Ultimamente se ha demostrado de manera concluyente que las dietas no tienen relación alguna con la aparición del acné. Las glándulas sebáceas, las hormonas y las bacterias son los principales causantes de los granos.

Dado que el acné puede resultar tan espantoso para los preadolescentes y adolescentes, los progenitores deberían tranquilizarlos diciéndoles que hoy en día, mucho más que antes, existen productos capaces de minimizar o impedir totalmente las cicatrices físicas y emocionales que pueden quedar en caso de que el acné no sea tratado.

15

LA MENSTRUACIÓN

La menstruación es un suceso importante en la vida de toda niña. Marca el paso a la edad adulta, de una mujer. Los progenitores pueden hacer sentir cómodas a sus hijas con respecto a esta función natural y mensual, introduciendo a menudo y con anticipación el tema a fin de aclarar sus interrogantes y disipar cualquier temor que tengan.

Para que el padre o madre le explique a sus hijas qué es la menstruación, debe tener cierto conocimiento de los siguientes conceptos:

- La diferencia entre las partes íntimas femeninas y masculinas
- Que los bebés crecen en el útero de la mamá
- Que para hacer un bebé se necesitan un hombre y una mujer
- Cómo se gestan y cómo nacen los bebés
- El significado del acto sexual
- Un claro sentido de los valores de su familia

Si su hija tiene ocho o nueve años y todavía no ha tratado con ella estos temas, encuentre la ocasión adecuada para rever los elementos básicos de la reproducción. En la Clave 3 se ha hecho referencia a estas situaciones. Puede comenzar por una explicación simple sobre la menstruación, como esta:

- La menstruación, o el período, es la manera que tiene el organismo de ensayar para un posible embarazo, si uno decide tener un bebé.

- La menstruación ocurre en todas las niñas cuando comienzan la pubertad.
- La menstruación es una parte natural y normal del crecimiento.

Basándose en las reacciones iniciales de su hija y en los límites de su propia comodidad, los padres quizás quieran agregar más información. Si usted, como progenitor, se siente incómodo con el tema, trate de leer con anticipación algo al respecto. Converse acerca de distintos enfoques con amigos que tengan hijos de la misma edad que los suyos. Muchas comunidades dan clases que se concentran en la pubertad y la menstruación, a través de sus grupos juveniles, hospitales o iglesias locales. Vaya a una clase con su hija, como una manera de abrir las puertas a la comunicación. Con frecuencia, en quinto grado, las escuelas dan charlas para madres e hijas, conducidas por un médico invitado. Los progenitores también pueden proporcionarles a sus hijas libros adecuados sobre la sexualidad. Siga estas sugerencias y se asegurará de obtener un buen resultado. De todos modos, su responsabilidad parental acaba de empezar. Las chicas necesitan recibir y rever información acerca de su sexualidad muchas veces a lo largo de su preadolescencia y adolescencia. Tener una sexualidad saludable es un proceso de aprendizaje que dura toda la vida.

Qué y cuándo

La menstruación es el signo de la pubertad en las niñas. La *menarca*, el primer período menstrual, puede ocurrir en cualquier momento entre los nueve y los dieciséis años. Se denomina período precisamente porque ocurre periódicamente, a determinados intervalos. Cuando a la mayoría de las chicas se les cuenta por primera vez acerca de los ciclos menstruales muestran cierto desagrado y/o preocupación. Entonces, es importante que el progenitor presente esta información de manera agradable y positiva, ya que la menstruación es una función intrínseca del organismo femenino. El primer contacto de una niña con el tema puede dejarle una impresión duradera acerca de la manera en que verá su propio cuerpo en el futuro.

El comienzo de la menstruación varía considerablemente de una niña a otra niña. Para la mayoría, la menarca ocurre una vez que hay cierto crecimiento del busto y después de la aparición del vello púbico. El estirón debe preceder o acompañar estos cambios. Nadie puede predecir cuándo exactamente comenzará el ciclo menstrual en una niña.

La menstruación es regulada por una glándula ubicada en el cerebro denominada la *pituitaria*. Dicha glándula actúa como un reloj despertador interno que marcase el comienzo de la pubertad en el momento preciso para cada persona. Envía al resto del cuerpo, mensajes bajo la forma de hormonas. Las hormonas son sustancias internas del organismo responsables por los cambios relacionados con la pubertad, incluyendo el crecimiento y el desarrollo de los órganos sexuales o de la reproducción.

Cómo y por qué

Los ovarios son los órganos sexuales femeninos, y producen una de las hormonas del organismo: el *estrógeno*. Este afecta a muchos órganos y, simultáneamente, envía una realimentación o *feedback* al cerebro hasta que se logra el equilibrio adecuado entre las hormonas que circulan en el organismo. Este equilibrio químico exacto y delicado forma parte de la maravilla del cuerpo humano.

Además de producir el estrógeno, los ovarios actúan como depósitos para otro elemento femenino importante: los óvulos. Las mujeres nacen con una cantidad fija de óvulos (¡400.000 para ser exactos!), que irán perdiendo a lo largo de su vida. Impulsados por las hormonas, estos óvulos comienzan a madurar en los ovarios hasta ser liberados. A este proceso se lo denomina *ovulación.*

Si bien varios óvulos pueden madurarse al mismo tiempo, por lo general sólo un óvulo es liberado del ovario durante cada ciclo menstrual. Conjuntamente, el útero se prepara para un posible embarazo. (Recuérdele a su hija que el útero es ese órgano en forma de pera o globo en el cuerpo de las mujeres en donde crecen los bebés.) La superficie interna de la pared uterina forma un revestimiento que sirve para alimentar al feto en potencia.

Una vez que el óvulo es liberado, pasa por la trompa de Falopio. Si el óvulo no es fecundado (lo que significa que la unión de un óvulo con un espermatozoide no se produce), circula hacia el útero durante los días siguientes. Dos semanas después de la ovulación, el óvulo disuelto, junto con el revestimiento del útero, se desintegra. El revestimiento, que consiste en un fluido sanguíneo, es lo que constituye el flujo menstrual.

Figura 15.1

Los órganos reproductores femeninos

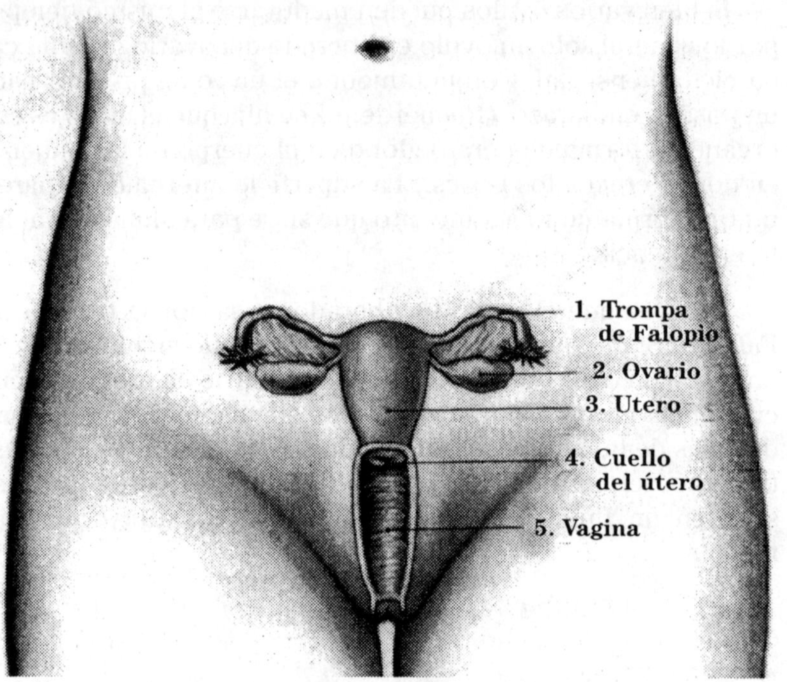

El flujo menstrual abandona el cuerpo a través de la vagina, que es la abertura ubicada entre las piernas de una mujer y que también es el canal de nacimiento. El flujo menstrual puede durar de dos o tres días o un máximo de siete días. El promedio es de tres a cinco días. Existe una pérdida de sangre aproximadamente equivalente a media taza, que el organismo recupera en forma natural. El flujo se elimina en gotas lentas y constantes, en oposición a un repentino torrente de fluido. El flujo menstrual a veces también contiene coágulos de sangre y vestigios de tejido. El óvulo que no fue fecundado también es expulsado durante la menstruación, pero como es del tamaño de un punto es imperceptible.

El ciclo menstrual se registra del primer día del flujo menstrual al primer día del siguiente flujo. La menstruación ocurre alrededor de cada veintiocho o treinta y seis días o en un promedio de cada mes. Sin embargo, durante el primero o segundo año después de la menarca, los ciclos menstruales de muchas chicas son irregulares. Esto significa que algunas jóvenes pueden saltar varios meses seguidos o tener el período cada dos semanas, aunque este último caso es menos común. Por lo general, lleva un promedio de dos a tres años que el ciclo menstrual se regule solo a un ritmo más previsible. Ocasionalmente, la menstruación recién se hace regular después de haber dado a luz.

La explicación

Durante el flujo menstrual, las jóvenes usan toallas femeninas para absorber el líquido. Tales toallas vienen en distintos modelos, formas y materiales, y constituyen el producto más popular entre las chicas. Como están hechas de un material absorbente de un lado y adhesivo en el otro, se sujetan firmemente a la ropa interior. Hay que cambiarlas aproximadamente cada cuatro horas, lo cual dependerá del volumen del flujo menstrual.

Otro tipo de protección contra el flujo menstrual es el tampón. Estos cilindros de algodón absorbente calzan cómodamente en la vagina. Las paredes de la vagina están constituidas por músculos que se dilatan y contraen de la misma manera que un globo cuando se infla o se desinfla. La ventaja del tampón es que a las chicas que hacen natación o practican algún otro deporte les permite sentirse seguras para desarrollar sus actividades durante sus ciclos menstruales.

Muchas madres temen que el tampón lastime a las más jóvenes o que dañe el himen. El himen es una membrana muy delgada que cubre parcialmente la entrada de la vagina. Antes se lo asociaba con la virginidad. Lo cierto es que a la mayoría de las mujeres que practican algún deporte o bailan, incluso al ginecólogo puede serle bastante difícil detectar la presencia del himen. Si bien el tampón dilata un poco la abertura vaginal, es totalmente inofensivo para las más jovencitas.

Los distintos tamaños de tampones se clasifican de acuerdo con el grado de absorción en: mini, medio, súper y extrasúper. Los progenitores les pueden aconsejar a sus hijas que comiencen con el de menor grado de absorción necesario para controlar su flujo. Si después de una o dos horas de usar un determinado tampón, la ropa interior está manchada, pueden probar el tamaño siguiente o usar una funda que recoja el exceso de flujo. Los tampones se deben cambiar cada cuatro horas; por lo tanto, las chicas deben usar toallas cuando no puedan cambiarse los tampones con frecuencia. Los tampones son más eficaces durante el día, mientras que las toallas lo son durante la noche.

Las jóvenes no deben tratar de usar tampones en ningún otro momento que no sea durante el ciclo menstrual. Como son absorbentes, absorberán las secreciones vaginales normales, y posiblemente causen una sequedad excesiva e irritación en la vagina.

Los progenitores deben enseñarles a sus hijas la manera más adecuada de eliminar las toallas femeninas y los tampones una vez que han sido usados.

Síndrome de shock tóxico

Advertencia: un estado muy poco frecuente pero peligroso relacionado con el uso de los tampones se denomina *síndrome de shock tóxico*. Si mientras la madre o su hija están usando un tampón presentan síntomas tales como temperatura, vómitos, diarrea o erupciones en la piel, retiren el tampón y vean al médico. La absorción de los tampones perturba el revestimiento normal que protege la vagina. Cuando se rompe esa protección, pueden ingresar bacterias al organismo y causar enfermedades. En la actualidad, los tampones que se encuentran en el mercado son menos absorbentes, y el nivel de riesgo de contraer un shock tóxico es muy bajo. Para más información, lea la explicación del folleto que se encuentra dentro de la caja de tampones.

Menstruación: preguntas comúnmente formuladas por los preadolescentes y sus progenitores

¿Duele tener el período?

Muchas jóvenes no sienten malestar cuando comienzan su primer período. Esto tal vez se deba a que todavía no están ovulando. La ovulación se produce cuando un óvulo madura y abandona el ovario. Pero, aunque no haya ovulación, el ciclo continúa, y la joven tiene el período. Más adelante, a medida que el cuerpo se regulariza, hay ovulación y los períodos pueden ser un tanto dolorosos. El útero es un músculo que se contrae para proteger el revestimiento formado. Estas contracciones son las puntadas que puedes sentir durante el primero y segundo día de tu período.

Afortunadamente, existen algunas maneras de aliviar esas puntadas:

- Manténte activa. Los ejercicios suaves pueden hacerte sentir con vigor y aliviar las puntadas.
- Una ducha tibia o una bolsa de agua caliente pueden relajar tus músculos.
- Algunos medicamentos, tales como el ibuprofen o la aspirina, también pueden colaborar.
- Sé amable contigo misma. Recuerda que tener el perío-

do significa que tu organismo está cumpliendo bien sus funciones y que está haciendo lo correcto.

- Si nada de esto ayuda, consulta a tu médico.

¿Qué puede afectar mi período?

Muchas veces a las chicas se les puede interrumpir el período; por ejemplo, cuando tienen una enfermedad prolongada, practican deportes fuertes o toman clases de danza. Una vez concluida la actividad, cuando el cuerpo vuelve a estabilizarse, el período debe reiniciarse. Si alguna vez tu período se interrumpe y estás preocupada, consulta a tu médico.

¿Cuándo dejamos de menstruar?

El ciclo menstrual ocurre siempre que haya óvulos en los ovarios. Con el tiempo, todos los óvulos maduran, y junto con los cambios hormonales que se producen en el cuerpo, el ciclo menstrual se retira. Para la mayoría de las mujeres esto ocurre aproximadamente entre los 45 y los 55 años. Esta etapa de la vida de una mujer se denomina menopausia. La mujer deja de menstruar también durante el embarazo, porque debe retener el revestimiento uterino para nutrir al feto que se está gestando.

¿Puede un tampón perderse en el organismo?

A veces, las jovencitas creen que su vagina es un agujero oscuro y sin fondo, y temen que, al introducir tampones allí, desaparezcan en las cavidades del organismo y se pierdan para siempre. Pero no deben preocuparse por eso. El cuello del útero es muy pequeño y no permite que el tampón se pierda. No hay manera de que esto ocurra. Sin embargo, nunca te olvides de sacarte el último tampón al final del período.

¿Cómo puedo ayudar a mi hija a que se sienta más segura de usar tampones?

No existe una manera sencilla de lograrlo. Muchas chicas

a esta edad morirían antes que dejar que sus madres les muestren cómo usar un tampón, o que las ayuden a ponerse uno. No obstante, su actitud respecto de que su hija use tampones es el indicador más confiable para saber si ella estará dispuesta a probarlos o no. Se debe incentivar a las chicas para que conozcan su cuerpo. Con un espejo, las manos limpias y en la intimidad de su cuarto, las jóvenes pueden mirarse los genitales y ver dónde está la abertura de la vagina. El ángulo de la vagina puede variar de una joven a otra. Con frecuencia, es bueno que la joven use el dedo para encontrarlo. En la caja de tampones están las instrucciones que detallan cómo se ponen. Lee estas indicaciones para aprender el ángulo correcto en que debe ponerse el tampón.

¿Cuándo una joven debe hacerse un PAP y qué es exactamente?

Por lo general no hay necesidad de que una joven se haga un PAP antes de los dieciocho años si todavía no ha tenido relaciones sexuales. Todas las chicas deben hacerse un PAP dentro del año posterior al comienzo de sus relaciones. El PAP puede ser realizado por un médico, un ginecólogo o una enfermera. El término PAP significa Papanicolaou, el nombre de la persona que creó esta técnica. Es un método para identificar si hay un cáncer en el cuello del útero.

16

ERECCIONES Y POLUCIONES NOCTURNAS

Con el propósito de definir mejor los cambios que ocurren entre la preadolescencia y la adultez, durante el desarrollo normal de las características sexuales masculinas, se han dividido estos cambios en cinco etapas. Repasémoslas:

Etapa 1: Es la etapa prepuberal, que abarca desde el nacimiento hasta el comienzo de la pubertad. Los genitales de los varones crecen junto con el resto del cuerpo, pero dicho crecimiento no es muy evidente.

Etapa 2: Marca el comienzo de la pubertad. El crecimiento principal es el aumento en el tamaño de los testículos y del escroto. Al crecer los testículos, también crece el escroto para cubrirlos, y es posible que se oscurezca su color.

Etapa 3: Comienza a crecer el pene. Se alarga y se ensancha. Los testículos siguen creciendo y el escroto se oscurece un poco más. A esta altura, los varones notan el crecimiento del vello púbico, y pueden advertir que un testículo está un poco más abajo que el otro. Esto es así, para impedir que se rocen cuando caminan. Los varones se preocupan extremadamente por los testículos. Todos estos cambios son muy normales.

Etapa 4: Existe una continuidad normal del crecimiento a lo largo de esta etapa. El vello púbico adopta la típica configuración adulta masculina en forma de diamante, con la base en el pene y el vello hasta el ombligo. Se vuelve más abundante, grueso y oscuro. También puede crecer en la parte interna de los muslos y alrededor del ano.

Etapa 5: Esta es la etapa adulta. El pene alcanza su crecimiento total y por lo general mide entre seis centímetros y medio y diez centímetros cuando está flácido o blando. Los testículos alcanzan su tamaño final, uno más abajo que el otro, y algo más grande. El escroto es más oscuro, y el vello púbico más oscuro y grueso.

El tiempo que duran estos cambios puede variar considerablemente entre distintos individuos. Los cambios que sobrevienen desde los comienzos de la pubertad (Etapa 2) hasta el crecimiento adulto final (Etapa 5) pueden llevar de dos a seis años. El desarrollo puberal está predeterminado por el tiempo genético (el reloj biológico) del organismo y es específico de cada individuo. Lo más importante es que los progenitores les aseguren a los hijos que estos cambios ocurrirán en el momento y etapa correctos.

A diferencia de las niñas, que nacen con todos sus óvulos, los varones no nacen con los espermatozoides. Durante la pubertad, varias hormonas, la más común de las cuales es la *testosterona*, hacen que el organismo masculino produzca espermatozoides. Esta producción de esperma se lleva a cabo en los testículos. Por tal motivo, el crecimiento de los testículos es el primer signo de pubertad en los varones. Una vez que comienzan a producir esperma, continúan haciéndolo por el resto de su vida. El organismo también produce otros fluidos que se mezclan con el esperma. A esta mezcla de esos fluidos con los espermatozoides se la denomina semen. El semen abandona el cuerpo a través de la uretra durante la eyaculación. También la orina es eliminada del cuerpo a través de la uretra, pero nunca al mismo tiempo que el semen.

Erecciones

Tanto los bebés en el útero como los niños pequeños y los más grandes experimentan erecciones. La erección ocurre cuando la sangre irriga el pene. Durante una erección, el pene se endurece y se levanta. Puede notarse un bulto en la zona del pubis. Los chicos no siempre pueden controlar si tendrán o no una erección, y en las primeras etapas de la pubertad, son muy comunes las erecciones espontáneas. Además, no necesariamente están relacionadas con pensamientos sexuales. Las erecciones pueden ocurrir en cualquier momento y en distintas circunstancias. Para la mayoría de los varones, esta imprevisibilidad es el aspecto más embarazoso e incómodo de la pubertad. Los jóvenes se sentirán mejor si se les asegura que, la mayoría de las veces, las erecciones son visibles sólo para ellos. Muchos responden de distintas maneras al enfrentarse con una erección imprevisible: algunos permanecen sentados, cruzan las piernas o las descruzan, o disimuladamente se cubren con un libro. La erección se va rápidamente; por lo general dura apenas uno o dos minutos. No es necesario tener una eyaculación para que la erección se vaya, pero con frecuencia la eyaculación ocurre junto con un orgasmo. Un orgasmo es una serie de contracciones placenteras que se centran en la zona genital. En los varones, el orgasmo sobreviene normalmente junto con la eyaculación. Muy pocas veces un joven tendrá el orgasmo sin eyacular. Durante el orgasmo, el pene experimenta una serie de contracciones que contribuyen a expulsar el semen, y luego se vuelve a ablandar. Los orgasmos pueden ocurrir durante el acto sexual o con muchas formas de estimulación sexual. (Vea la Clave 32, donde se trata la masturbación.)

Poluciones nocturnas

Una vez que el cuerpo comienza a producir esperma, el varón puede experimentar su primera emisión nocturna de semen, también conocida como polución nocturna. Es una eyaculación involuntaria que ocurre sólo cuando se duerme (incluso durante la siesta), y no necesariamente está relacionada con pensamientos sexuales. La mayoría de los varones experimentan poluciones nocturnas, y estas son totalmente normales. La cantidad de semen liberado es aproximadamente la de una cucharadita de té.

Las poluciones nocturnas pueden confundir a los chicos si no los han preparado para ello. La interpretación errónea más común de este hecho absolutamente normal es que creen que se han orinado en la cama o, peor aun, que algo anda mal en ellos. Asegúrese de que su hijo, cuando entra en la etapa 2, tenga pleno conocimiento acerca de los cambios corporales que experimenta y sea sensible a ellos. El varón nota cada mínimo detalle de su desarrollo y lo compara con lo que él cree que debe suceder, para verificar si es normal o no. Los progenitores deben asegurarse de que el conocimiento de su hijo sea preciso y no se base en los mitos difundidos por sus compañeros. Es normal que su hijo se fascine con los cambios que se suceden en su cuerpo. No tiene por qué tener miedo, si le proporciona asesoramiento, libros que pueda leer en privado, y la tranquilidad que necesita para sentirse cómodo con su propio cuerpo.

La mayoría de los varones experimentan sus primeras poluciones nocturnas alrededor de los catorce años, entre las etapas 2 y 3; para ese entonces, ya atravesaron una serie de otros cambios sexuales. Una vez que el varón comienza a eyacular, ya sea de manera involuntaria durante las poluciones nocturnas o como resultado de la masturbación, es potencialmente fértil y podría engendrar un hijo durante el acto sexual. Los progenitores deben asegurarse de que sus hijos sepan esto.

Cuidados preventivos

La circuncisión es un procedimiento por el cual se elimina el pliegue de piel que rodea al glande, llamado prepucio. En nuestra sociedad, muchos chicos son circuncidados y otros no. De una u otra manera, la sensibilidad y el funcionamiento del pene no se modifican.

En el chico no circuncidado, el prepucio se puede retraer fácilmente o no. En ninguna circunstancia se lo debe retraer con fuerza. Esto puede causar dolor y exigir atención médica. En algunos chicos no circuncidados, es posible que el prepucio no se retraiga del todo hasta los cinco años o hasta la adolescencia.

Figura 16.1

El pene circuncidado y el no circuncidado

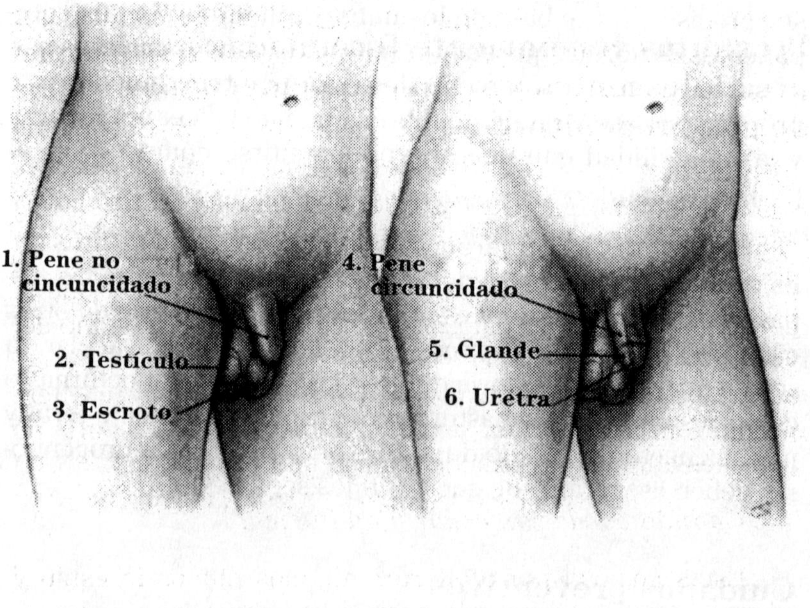

En la pubertad, la higiene del pene circuncidado debe ser parte de la rutina del niño, al igual que el lavado del cabello y el cepillado de los dientes. Una sustancia grasosa normal llamada esmegma se acumula en la parte interior del prepucio y debe limpiársela periódicamente. Los chicos tienen que aprender a tirar hacia atrás con suavidad del prepucio y limpiar esta zona con regularidad.

También deben aprender a autoexaminarse los testículos. Es una medida preventiva para detectar signos de cáncer. Un médico puede enseñarle a su hijo cómo hacer este simple autoexamen y qué buscar. Básicamente, si hay hinchazón en la zona de la ingle, si se sienten pequeños bultos en los testículos, o si se produce un cambio repentino en el tamaño de los mismos, consulte a su médico. A los quince años, los adolescentes ya deben saber practicar por sí solos estos autoexámenes.

Preguntas comúnmente formuladas por los preadolescentes y respuestas adecuadas de sus progenitores

¿Qué sucede si mi pene es más pequeño que el de otros chicos?

Los chicos se preocupan por el tamaño del pene, de la misma manera que las chicas se preocupan por el tamaño del busto. El tamaño de tu pene no tiene nada que ver con que seas un buen atleta, o con tu virilidad, o con el hecho de que tengas o no una futura vida sexual satisfactoria. La mayoría de los penes adultos son casi del mismo tamaño y forma.

¿Cuándo puedo comenzar a afeitarme?

¿Estás ansioso por afeitarte? Algunos chicos lo están y quieren comenzar a hacerlo apenas les empiezan a aparecer los primeros vellos. Tal vez no tendrás vello en el rostro hasta más adelante, durante la pubertad. Recuerda que una vez que comiences, tendrás que seguir haciéndolo por el resto de tu vida. ¡Afeitarse puede ser un verdadero problema! O tal vez decidas no afeitarte y dejarte crecer la barba. La cantidad de vello que te crezca dependerá de características familiares que heredaste. El abuelo tiene mucha barba y es gris, pero yo tengo (papá tiene) muy poco pelo en la cara. La cantidad de vello que te crezca en el rostro o en el cuerpo no tiene nada que ver con tu masculinidad.

17

CAMBIOS DE ESTADOS DE ÁNIMO

Como progenitor, ¿cómo debo actuar ante los altibajos de mi hijo preadolescente para que la vida sea más llevadera para ambos?

De todos los cambios que ocurren durante la preadolescencia, los cambios del estado de ánimo son los más estresantes para los progenitores. Con frecuencia, los preadolescentes están malhumorados y tristes un minuto y alegres y razonables al minuto siguiente. Lo que alguna vez fue una relación afectuosa y estrecha entre progenitor e hijo puede convertirse en distante y tensa. Algunas características relacionadas con esta etapa son los roces con los padres, los gestos de aburrimiento en su presencia y las contestaciones interminables. Su hijo parece no necesitar más de su aprobación, y se lo ve muy satisfecho haciendo las cosas a su manera, incluso cuando es obvio que la del progenitor es mejor. Las chicas suelen exteriorizar sus emociones. La vida se convierte en un drama diario que transcurre en forma cambiante, y en el cual temas insignificantes adquieren gran importancia. Los varones maduran uno o dos años después que las chicas, y sus cambios de ánimo son menos drásticos durante la preadolescencia, pero se manifiestan intensamente en la adolescencia. Aunque esta etapa de la adolescencia no se conoce bien a fondo, se cree que estos cambios están relacionados con las modificaciones hormonales que tienen lugar en el organismo del preadolescente.

Sin duda, algunos niños y niñas atraviesan esta etapa, sin conflictos, pero la mayoría siente cierta ambivalencia acerca de su cuerpo y sus sentimientos se hallan en constante cambio. Algunos se ríen tontamente y este grado de tontera preocupa a los progenitores. Lo cierto es que no hay forma de impedir estos cambios de talante; pero serán más tolerables para el progenitor si sabe que son normales. Es tranquilizador saber que la mayoría de los preadolescentes salen intactos de esta etapa.

Al enfrentar tales cambios, es importante no tomar los comentarios, gestos y risas de los preadolescentes como algo personal. También para los progenitores esta es una etapa de inseguridad. ¿Qué le sucedió a mi dulce y feliz hijito/a? ¿Cómo actúo con este volátil camaleón, a veces malhumorado y a veces alegre? Los progenitores que toleran los altibajos de sus hijos están mejor preparados para mantener abiertos los canales de comunicación. Si la autovaloración del progenitor depende de la opinión que su hijo tenga de él (o ella), puede desanimarse al ver que algunos días el chico no congenia mucho con él (o ella). No obstante, en esta etapa debe estar presente en la vida de su hijo/a : no es el momento adecuado para dejar el barco. El clima imperante puede no ser estable y en absoluto servicial, pero los progenitores deben permanecer siempre junto a sus hijos, para fijarles pautas y límites y ofrecerles su apoyo.

Al tratar con su hijo o hija preadolescente tenga en cuenta los siguientes consejos:

- No tome sus cambios de estados de ánimo como algo personal. Por rara que parezca la conducta de los preadolescentes, trate de comprender que ellos están mucho más confundidos por su cuerpo y emociones en constante cambio de lo que admiten. Es más seguro para ellos desquitarse con usted porque saben que cuentan con su amor incondicional. Es un cumplido equívoco.
- Espere que la tormenta se disipe. Luego, cuando su hijo parezca más receptivo, trate de reestablecer la comuni-

cación. Tal vez sea más fácil iniciar la conversación con un tema neutral antes que repasar lo que sucedió en el último estallido. Quizás cuando la nube se haya ido puedan compartir un momento afectuoso que les dará esperanzas para un mañana mejor.

- Algo útil y cordial para decirle a su hijo cuando se enoja puede ser: *"Yo no te hablo de esa manera, así que no me hables así"*. Esto requiere de usted un gran dominio de sí mismo. Si pierde el control y le contesta con un grito, la conversación se convertirá en una batalla campal antes de desmoronarse por completo. También es importante que les haga saber a sus hijos que usted todavía no perdió el control de sí mismo y de la situación a pesar de lo que ellos están atravesando. Mantenga la calma, aunque no se sienta en calma.

- Para los preadolescentes confundidos no hay nada más valioso que contar con la aceptación incondicional de las personas que siguen siendo las más importantes en su vida: sus progenitores. Es muy importante que les demuestre su aceptación, pasando un tiempo con ellos. Pero no les hace ningún favor si les dice magnánimamente que usted disfruta más que ellos lo que comparten. En este caso, sentirán que ellos lo están complaciendo a usted. Descarte la idea de decidir qué actividades deben disfrutar sus hijos, y dedíquese en cambio a descubrir qué es lo que a *ellos* les gusta. Luego, comparta con ellos esos gustos. Incluso mirar en silencio el programa de TV preferido de su hijo, o una película que para usted no vale la pena, puede ser un modo de expresarle su aceptación y su buena predisposición, en caso de que quiera charlar con usted.

- Tranquilícelo diciéndole que los estados de ánimo pasan con el tiempo y pueden volver o no. Más adelante, estos cambios de talante se apaciguan y los preadolescentes pueden aprender maneras de manejarlos mejor, si, por ejemplo, modifican sus dietas, realizan actividades físicas, respiran profundo y utilizan otras formas de relajarse.

- Comience a enseñarles a las niñas a que reparen en los cambios de ánimo relacionados con sus ciclos menstruales, para que aprendan a conocer sus cambios cíclicos en otras situaciones.

18

IDENTIDAD Y ORIENTACIÓN SEXUAL

Se puede definir la identidad sexual como la imagen que cada hombre y mujer tiene de sí mismo/a, más las actitudes y creencias acerca de qué significa ser un hombre o una mujer. La identidad sexual se compone de tres elementos básicos: la identidad nuclear, conducta de género y orientación sexual.

La *identidad nuclear* se refiere al género de la persona al nacer: femenino o masculino. Es el sentido interno que tiene el preadolescente de pertenecer a uno u otro género. Entre los dieciocho meses y los tres años, los niños desarrollan un sentido de su propia identidad de género, de ser hombre o mujer. El concepto de que todos los seres humanos nacen ya con uno u otro sexo, por más que suena simple desde el punto de vista del adulto, es tranquilizador para un niño que comienza a luchar con los conceptos de identidad y las diferencias entre los géneros. Es razonable insistir en que *los* bebés se convierten en hombres y *las* bebés, en mujeres.

La *conducta de género* se refiere a las características de conducta, basadas en el género, que una determinada cultura espera de cada uno de sus miembros. Tradicionalmente, la sociedad identifica ciertas conductas como masculinas y otras como femeninas. Por ejemplo, en nuestra sociedad se espera que las chicas sean amables y apacibles al jugar. Por el contrario, presumimos que los chicos son más activos y menos sensibles hacia los sentimientos de los demás. Los cambios sociales ocurren a lo largo de décadas, y dan por resultado nuevas expectativas acerca de los géneros. Por ejemplo, hoy tanto el hombre como la mujer tienen profesiones que antes eran exclusivas de un sexo. Como progenitor, usted ayudará a su hijo si lo deja que viva sin restricciones basadas en su sexo. Las chicas pueden ser activas, revoltosas, tener amigos y amigas; los chicos pueden ser sensibles y disfrutar de estar solos y tranquilos. Chicas y chicos pueden llegar a ser médicos o enfermeros, jardineros, chefs, ingenieros o bomberos.

La *orientación sexual* se refiere a un patrón persistente de atracción hacia una persona del mismo sexo o del sexo opuesto. La orientación sexual de una persona puede ser heterosexual, homosexual o bisexual. Un heterosexual es principalmente atraído por una persona del sexo opuesto. Un bisexual es atraído tanto por los hombres como por las mujeres. Un homosexual (gay o lesbiana) es atraído por una persona del mismo sexo. En nuestra sociedad, la mayoría de las personas son heterosexuales. Se cree que aproximadamente el 10 % de la población es gay o lesbiana. Algunas teorías describen la orientación sexual de un individuo como parte de un continuo en el que el individuo puede ser predominantemente heterosexual u homosexual, o estar en cualquier punto del espectro situado entre esos dos.

La orientación sexual no es una elección y tampoco es el resultado de un determinado estilo de crianza. Es importante que los padres comprendan que la orientación sexual del hijo está predeterminada y no se elige o cambia por las influencias sociales y parentales. Tampoco puede modificarse con alguna terapia o recurriendo a la medicina. La atracción por otra persona del mismo sexo no se elige. Si bien existen teorías acerca del mecanismo genético que determina la orientación sexual de un individuo, todavía queda mucho por aprender. La orientación sexual es sólo un aspecto, aunque importante, de toda la persona. En todos los otros aspectos, los gays, lesbianas, bisexuales y heterosexuales son parecidos a cualquier otra persona.

Es común que las criaturas entre ocho y diez años tengan estrechas relaciones con amigos del mismo sexo. Esto forma parte del proceso normal de desarrollo y no tiene efecto alguno sobre la orientación sexual del chico en el futuro.

Cómo explicar la orientación sexual a los niños

Entre los cinco y ocho años, los chicos están expuestos a infinitos mensajes acerca de la identidad y la orientación sexual por parte de los medios de comunicación, la escuela y las instituciones religiosas. Los medios de comunicación son una fuente de información insidiosa debido a su presencia constante en las pantallas de televisión. El lugar donde una persona vive (campo o ciudad, región industrial o agrícola) puede influir en la naturaleza y cantidad de espacio que se le otorga a los temas sexuales en la televisión. Por más que usted ponga cuidado al elegir los programas, su hijo oirá términos groseros, absorberá actitudes que no reflejan los valores de su familia y se interesará por conocer otros puntos de vista. Es responsabilidad del progenitor explicarles a sus hijos el valor de esa información volátil que, si se deja al alcance de ellos, puede hacerles adoptar concepciones sobre la identidad sexual que los padres no consideran saludables o adecuadas.

Al hablar con los hijos de cinco a ocho años, sobre la identidad sexual, los progenitores tal vez opten por comenzar con una breve explicación de los distintos tipos de amor que sienten los seres humanos. Como adultos, sabemos que el amor que sentimos por nuestros hijos es distinto del que sentimos por nuestro esposo o esposa; y que es incluso distinto del que sentimos por la naturaleza y la humanidad en su conjunto. Al hablar con su hijo sobre los distintos tipos de amor, puede incluir algunos de estos puntos clave:

- Las personas sienten distintas clases de amor.

- El amor que los padres sentimos por nuestros hijos es distinto del amor que papá y yo (mamá y yo) sentimos el uno por el otro.
- Ciertos sentimientos especiales hacia otra persona se conocen como atracción sexual. Cuando experimentamos sentimientos románticos por esa persona nos excitamos. Estos son buenos sentimientos.

A medida que los chicos crecen, entre los nueve y los doce años, entienden mejor el concepto de atracción sexual, aunque todavía no están preparados para comprender el tema en toda su magnitud. Esta es una etapa en la que cualquiera del sexo opuesto es horrible y en la que surgen estrechas amistades entre los chicos del mismo sexo. Los chicos y chicas bromean en la escuela si sus amigos del mismo sexo muestran algún signo de atracción por el sexo opuesto. Los varones de esta edad suelen autodiscriminarse y jugar exclusivamente con grupos de varones. Las chicas suelen tener una o dos íntimas amigas con las que comparten todo su tiempo.

Ponerse sobrenombres es común entre los chicos y chicas de esta edad. Apelativos crueles como *maricón*, *rarito*, *tortillera* y *marica* son agresivos, ofensivos y dañinos. Es sumamente importante que los progenitores les enseñen a sus hijos qué equivocado es llamar a las personas de esa manera tan peyorativa basándose en su identidad sexual.

Al hablar con su hijo/a sobre la orientación sexual, debe incluir los siguientes puntos clave:

- Los hombres tienen a veces sentimientos sexuales hacia otros hombres y se enamoran de ellos. A los hombres homosexuales también se los llama *gays*.
- Las mujeres tienen a veces sentimientos sexuales hacia otras mujeres y se enamoran de ellas. A las mujeres con esta inclinación se las llama *lesbianas*.

- Los homosexuales pueden tener relaciones amorosas igual que los heterosexuales. Sienten un amor romántico por alguien del mismo sexo, no por alguien del sexo opuesto.

- Los gays y las lesbianas que viven en pareja pueden formar una familia y adoptar chicos o tener hijos propios.

19

RITOS DE PASAJE

Los ritos de pasaje son ceremonias que una sociedad realiza para celebrar el tránsito de los individuos más jóvenes a la vida adulta. Distintas culturas celebran estos rituales de diferentes maneras. Algunos son de carácter religioso, como el bar mitzvah y el *bat mitzvah* de los chicos y chicas judíos, respectivamente. Otros no. Las tribus indígenas de los Navajo —en Estados Unidos— celebran el Kinaalá, la ceremonia de la mayoría de edad, para honrar a las jóvenes de su cultura. Marca la ocasión un largo día de preparativos, que incluye cocinar y una prueba de resistencia por parte de la joven pubescente.

A nuestra cultura le haría bien celebrar ritos de pasaje para todos los chicos y chicas. Por ejemplo, la mayoría de las mujeres adultas recuerdan con sentimientos confusos su primer ciclo menstrual. Si bien nuestra sociedad no aclama este paso a la adultez, la menarca debería celebrarse. También los varones merecen una celebración cuando entran en la pubertad. Su voz cambia, experimentan poluciones nocturnas y afeitarse se convierte en parte de la rutina diaria. En ellos, los cambios relacionados con la pubertad son más sutiles, menos evidentes. No obstante, es tan importante marcar este tránsito en los varones como lo es en las mujeres. Los ritos de pasaje en los adolescentes son maneras de demostrarles que la pubertad marca nuevos hitos en su desarrollo sexual y su autodefinición. Por supuesto que los ritos de pasaje no tienen por qué celebrar necesariamente la pubertad (aunque nada impide que lo hagan). Pueden celebrar cualquier otro cruce de fronteras importante sobre el cual haya acuerdo entre el niño o la niña y su familia. Lo que cuenta es conmemorar el crecimiento y el desarrollo como sucesos dignos de ser valorados y celebrados. ¡Deberíamos honrar a nuestros hijos, incorporando estos ritos a nuestra cultura!

Cuando dictaba clases sobre la pubertad, para madres e hijas, les pedí a las madres que pensáramos juntos acerca de las posibles maneras de celebrar el paso de los jóvenes a la pubertad. ¿Cómo podemos convertir esta transición en un hecho inolvidable para nuestros hijos?

Para la mayoría de las madres este era un concepto nuevo. Sin embargo, otras ya estaban pensando en algo para el gran suceso. Como trabajamos juntos, surgieron muchas ideas brillantes acerca de cuándo o qué debería marcar la celebración o el rito. Algunas madres decían que la ocasión más importante para sus hijas era el comienzo del ciclo menstrual. Otras opinaron que el motivo de celebración debería ser el hecho de llegar a una determinada edad. Y otras agregaron que eran sus hijas las que debían elegir la ocasión del festejo.

A continuación, enumeramos algunas sugerencias sobre cómo celebrar el pasaje de un preadolescente a la etapa siguiente:

- Compartir todo un día juntos (madre e hija o padre e hijo) haciendo actividades que ambos disfruten.
- Un regalo especial como signo de adultez. Podría ser un libro, una alhaja o algún tipo de ropa para jovencitas.
- Una carta especial y un regalo adulto, de mamá y papá.
- Un libro en el que los personajes estén entrando en la adultez.
- Ceremonias que agasajen al joven o la joven.
- Un presente con algún objeto especial heredado de la familia, junto con la historia que explica la importancia de poseerlo.
- Hacerles a las chicas las perforaciones en las orejas, y

comprarles a los chicos un conjunto de artículos para afeitarse.

- Una fiesta de adolescentes.
- Una viaje sólo con mamá o papá que incluya pasar la noche fuera de casa.
- Una reunión con familiares del mismo sexo para compartir anécdotas de su propia niñez.
- Una cena formal en familia. Cada miembro de la familia le obsequiará a la agasajada una flor u otro pequeño presente, y contará una anécdota que ilustre por qué el agasajado es un ser especial. (Organice con bastante anticipación esta cena en familia. Pregúntele a su hijo o hija qué quiere comer y qué quiere hacer en la velada. Repase los preparativos periódicamente para no atrasarse. No lo mantenga en secreto ante el resto de la familia. Junto con el agasajado, no verán el momento de que llegue el día.)
- Hacer una salida de campamento en familia o concurrir a un partido de fútbol o béisbol fuera de la ciudad.
- Aprender una nueva actividad familiar acorde al ingreso en la pubertad del hijo o hija.
- Hacer un lugar en la casa para un equipo de música o un hobby del nuevo integrante adolescente.

Recuerde que una chica puede celebrar su paso a otra etapa tanto con el padre como con la madre, y lo mismo sucede con un chico. El festejo fácilmente puede incluir a toda la familia. Una maestra de cuarto grado me contó que, cuando comenzó su menstruación, su padre le regaló una docena de rosas y la llevó a cenar afuera; recordaba que esa noche nadie la sacó a bailar. Ahora, casada y feliz, nunca se olvida de ese gesto tan tierno, y aún le llena los ojos de lágrimas. Hasta el día de hoy, tiene una estrecha relación con su padre. ¡Qué manera tan especial de recordar la figura de un padre!

Lo que usted haga para celebrar el pasaje de sus hijos a otra etapa dependerá de lo que sea adecuado para ellos. Lo más importante es que reconozca que sus hijos cruzan fronteras a medida que avanzan hacia la adultez.

PARTE TERCERA

RELACIONES PERSONALES

20

RELACIONES FAMILIARES

Ningún aspecto de la vida de un niño tiene mayor influencia en su desarrollo sexual que la familia. Dentro del núcleo familiar, las criaturas comienzan a tener un sentido de identidad, un sistema de valores y modelos para imitar en sus futuras relaciones. En él los niños aprenden también a relacionarse con otros, a dar y recibir afecto, a comunicarse y a resolver conflictos. Todo esto contribuye a que su hijo tenga una sexualidad sana y que sus relaciones adultas sean satisfactorias.

La familia es el núcleo social básico de nuestra sociedad y refleja la diversidad de la cultura actual. El resultado de esto es que el núcleo familiar con frecuencia difiere en gran medida del tradicional. La familia actual puede estar constituida por un progenitor y su único hijo, un progenitor biológico y el otro no, dos madres, dos padres, progenitores adoptivos, abuelos, hijos adoptados o provenientes de otro matrimonio, o una combinación de estos elementos. Es importante que los hijos entiendan que, independientemente de su estructura familiar, están estrechamente unidos a adultos responsables que los aman, los cuidan y satisfacen sus necesidades básicas. Quizá las relaciones familiares cambien con el correr del tiempo, pero el concepto esencial de que los miembros de la familia se cuiden y amen debe ser una constante. Cuanto más alimenten y valoren los progenitores las relaciones familiares, más seguros y valiosos se sentirán los hijos. Para esto, los primeros deben tomarse el tiempo necesario, esforzarse y comprometerse.

A su vez, es importante que los chicos vean y comprendan que interesarse por la familia es una enorme tarea. Involucra a muchas personas: a los progenitores, que deben dedicar el tiempo y la energía necesarios para satisfacer las necesidades de la familia; a otros parientes y amigos, que a veces tendrán a su cuidado a los hijos; y a los niños, que deben tratar de mantener una buena relación familiar. Es necesario incentivarlos para que participen en los quehaceres diarios de su familia y tomen decisiones. Si se les dan funciones claras y comprenden que son tan importantes como los adultos para el éxito de la familia, comenzarán a desarrollar un sentido del valor que tiene la familia y las relaciones en general, y se sentirán orgullosos de pertenecer a aquella.

Hermanos

Las interacciones de los hermanos desempeñan un papel importante en la manera en que los niños aprenden a relacionarse sanamente. Las familias que tienen más de un chico se enfrentan invariablemente con la rivalidad entre los hermanos. Los progenitores deben saber que esto no es el resultado de sus deficiencias parentales. En realidad, los conflictos entre chicos que pertenecen a la misma familia son comunes. Los progenitores cumplen una importante función si comprenden y aceptan los roces entre los chicos y si aprenden distintas maneras de ayudarlos a llevarse bien. Para que puedan relacionarse sin problemas en el futuro es de suma importancia crear un foro donde los hermanos puedan zanjar sus diferencias y practicar las cualidades sociales básicas. En un ámbito sano y seguro para esta práctica, los hermanos aprenderán a relacionarse y comunicarse eficazmente a fin de que mejore su relación mutua y la que mantienen con amigos y futuros compañeros. Con frecuencia, puede ser muy reconfortante para una preadolescente, recibir de una hermana o hermano mayor información sobre la sexualidad.

Parientes

Debido a la creciente movilidad en las sociedades actuales, los parientes se encuentran a menudo geográficamente dispersos. Ya no están juntos en el mismo pueblo o ciudad y ni siquiera en la misma provincia. Se reemplazó el contacto físico por el teléfono, la correspondencia o la telecomunicación. Los progenitores deben construir los cimientos para que sus hijos se sientan ligados con los otros parientes, demostrándoles que ellos pueden hacerlo y que dedican tiempo y esfuerzo a mantenerse vinculados con el resto de la familia. Fomentar estas relaciones realza el valor de las mismas para los chicos y les deja a estos la tranquilizante sensación de pertenecer a una cultura familiar amplia que los cobija a todos.

Los niños disfrutan al ver qué lugar ocupan en el gran cuadro de sus orígenes. ¿Cómo eran sus abuelos cuando eran chicos? ¿Cómo los educaron? ¿Quién en verdad caminaba ocho kilómetros para llegar a la escuela bajo enceguecedoras nevadas? Los progenitores deben mostrarles a sus hijos, fotos viejas y contarles anécdotas de su propia niñez. A ellos les gustan las similitudes que comparten con sus padres y abuelos. Los progenitores pueden señalarlas en afirmaciones como esta: *"A tu abuelo le gustaba subirse a los árboles exactamente igual que a ti. El tenía piernas largas y fuertes"*. Un profundo sentido del pasado le brinda a su hijo mayor sentido de seguridad en el presente.

Los progenitores pueden pedirles a los otros integrantes de la familia que actúen como mentores y compartan con los chicos valores familiares relacionados con la sexualidad. Muchas veces, estos parientes tan cercanos pueden servir como modelos de rol y actuar como educadores en materia de sexualidad para aquellos chicos que no se sienten cómodos cuando charlan con sus padres.

Preadolescentes

Si bien tal vez el preadolescente necesite más espacio personal y emocional para crecer, los progenitores deben estar tranquilos de que la familia sigue siendo importante para él, aunque demuestre lo contrario. En realidad, se suele subestimar la importancia del compromiso familiar durante estos años críticos. Muchos chicos, a medida que se acercan a la adolescencia, son ambivalentes con respecto al proceso de separación; si bien pueden negarlo, cuentan con ver a sus padres en casa, en la escuela y en que participen en los eventos deportivos. El lazo entre el progenitor y el hijo, aunque un poco dañado, continúa siendo bastante fuerte. Por más que con frecuencia elijan "hacer la suya", los preadolescentes necesitan ser incluidos en todas las actividades familiares.

Miembros de la familia, adoptados

La mayoría de los chicos conocen a un compañero, amigo o pariente que fue adoptado. Muchas familias que tienen uno o más hijos adoptivos tratan este tema con ellos, a menudo y desde que son chicos. Los progenitores se sienten cómodos hablándoles del tema a sus propios hijos y a los demás, y son felices de serles útiles a otros padres adoptivos, sugiriéndoles cómo tienen que hablarles tanto a sus hijos biológicos como adoptivos.

Cuando trate el tema con un niño pequeño, puede utilizar alguna de las siguientes fórmulas:

- A veces una mamá que va a tener un bebé decide que no puede cuidarlo. Como quiere que tenga una vida buena y feliz, permite que otro matrimonio que sí puede cuidarlo sean su papá y su mamá. Les deja *adoptar* al bebé, y así este se convierte en hijo de ellos.
- Una mujer que da su bebé en adopción, por lo general es

joven y no tiene suficiente dinero para comprarle lo que necesita.

- Dar al bebé en adopción puede ser una decisión muy dolorosa para los papás que lo dejan.
- Muchas mujeres son felices de saber que a su bebé lo cuidará y amará otra familia que realmente quiere un bebé y lo puede cuidar.
- Existen distintas maneras de adoptar un bebé: algunas personas saben cómo ayudar a una embarazada a encontrar el mejor hogar para su bebé. Los que quieren un bebé pueden dirigirse a estas personas.
- Los chicos adoptivos se convierten en miembros amados por la nueva familia, al igual que el resto de sus integrantes.
- En nuestra familia, sentimos la misma felicidad al adoptar un bebé como al tener uno propio. En ambos casos, el resultado es un nuevo integrante.

Puntos clave para establecer relaciones familiares saludables

- Manténgase en contacto con sus parientes y amigos cercanos y sepa compartir la vida con ellos. El esfuerzo y compromiso de los padres sirven de ejemplo para las futuras relaciones del hijo.
- Muéstrele a su hijo fotos de los familiares vivos y de los que ya no lo están.
- Háblele de los orígenes de la familia.
- Cultive las tradiciones y rituales familiares que ocurren regularmente, tales como vacaciones, cumpleaños y otras ocasiones, religiosas o no. Déles la importancia que se merecen.

- Aprenda distintas maneras de ayudar a los hermanos a superar sanamente su rivalidad.
- Muestre aceptación frente a la diversidad de núcleos familiares en nuestra sociedad, como las familias adoptivas, las que tienen progenitores no biológicos, las de un solo progenitor, etc. Es importante que exista en su familia un sentido de interés y compromiso para con los hijos, independientemente de la estructura parental.
- Léales cuentos a sus hijos, o mejor aún, cuénteles sobre su pasado.
- Hágalos participar en los quehaceres familiares según sus habilidades y edad.

Las cualidades personales e interpersonales que se necesitan para conducirse en el mundo adulto se cultivan en la manera en que se interrelacionan los miembros de la familia. Establecer sanas relaciones durante los primeros años de vida del niño puede aumentar su capacidad de aprender y practicar las cualidades necesarias para entablar y mantener relaciones importantes cuando crezca. Sin duda, este es un elemento fundamental en la sexualidad del ser humano e indispensable, llegado el momento de buscar un compañero para toda la vida.

21

EL PADRE SOLO

Con el creciente número de divorcios y las subsecuentes fusiones familiares en nuestra sociedad, muchos hombres solos se ven obligados a asumir un papel activo en la educación sexual de sus hijos, sin el apoyo de su esposa. Esta situación puede preocupar a los progenitores que tengan hijos del sexo opuesto: padre e hija, madre e hijo. En los casos en que ambos progenitores, aunque estén divorciados, tengan un papel activo en la educación sexual de los hijos, igual habrá conflictos acerca de quién se hará responsable de enseñar qué cosa, cuándo y cómo. Además, si ingresa al marco familiar un padrastro o madrastra, se debe aclarar cuál será su función en la educación sexual del hijo de su compañero/a.

El padre solo y su hija

Si la relación padre-hija ha sido buena antes del divorcio que le otorga a la madre la tenencia conjunta o unilateral, se debe fomentar la continuidad de esa relación a pesar de las conflictivas restricciones que imponen las visitas. La hija debe poder contar con que su padre la acepte y la guíe en las cuestiones importantes así como en las que no lo son tanto. Lo mejor es que el padre se interese continua y regularmente por la vida de su hija. La manera en que él la trate será la medida que ella usará posteriormente, para medir a los otros hombres de su vida. Además, ver cómo el padre trata a la madre, antes y después del divorcio, establece las pautas respecto de cómo espera la hija que otros hombres la traten a ella. Una manera de asegurarle una buena imagen masculina es que el padre se interese constantemente por su vida.

El consejo del padre es valioso en infinitos aspectos de la vida de la hija, pero cabe destacar que muchas preadolescentes se sentirán más cómodas si tienen una minuciosa conversación sobre la menstruación con la madre que con el padre. El padre debe averiguar si su hija tiene alguna preferencia al respecto. Si opta por el consejo femenino y no tiene madre, el padre debe recurrir a otro familiar, o pedirle a la madre no biológica que se ocupe de este tema tan delicado, en cuyo caso esta debe hacerlo en forma personal. El padre también puede buscar en su casa, libros para que su hija lea. Debe tener siempre toallas o tampones (según la preferencia de la hija), y es útil que los progenitores divorciados charlen acerca de las necesidades de su hija para que cada uno tenga los productos necesarios cada vez que su hija esté con ellos.

Los padres divorciados deben estar al tanto de la necesidad de privacidad que surge durante la preadolescencia. La mayoría de las chicas quieren tener su propio espacio tanto en su habitación como en el baño, y el padre no debe interpretar esto como un signo de rechazo. Esta necesidad de privacidad es de suma importancia para las preadolescentes, y nunca se la destacará lo suficiente. Los padres tienen que ser flexibles en la relación con su hija y permitir la separación que ocurre naturalmente a medida que las chicas entran en la adolescencia.

Un padre divorciado y comprensivo puede ejercer una gravitación permanente en la autoestima de su hija, como sucedió antes del divorcio. Durante la preadolescencia y la adolescencia, el padre puede actuar de mediador cuando haya roces entre la madre y la hija, si los ex esposos son capaces de dejar de lado sus sentimientos personales y concentrarse en lograr lo mejor para su hija.

El padre solo y su hijo varón

Puede parecer que la combinación de un padre solo (o divorciado) y su hijo varón es más natural y cómoda para tratar la sexualidad, pero esto no es necesariamente así. Si los padres no cuentan con cierto conocimiento del tema, también se sentirán incómodos al charlar con su hijo sobre los múltiples temas relacionados con la sexualidad. Además, muchos padres rechazan la idea de pedir ayuda fuera de su entorno. Los padres *pueden* y *deben* cumplir funciones vitales, enseñándoles a su hijo, pero primero *tienen la obligación* de perfeccionar su propio conocimiento sobre la sexualidad y el desarrollo del niño. Un padre desinformado puede ocultar sus falencias haciendo bromas superficiales e inapropiadas sobre el tema. El chico, al darse cuenta de la incomodidad del padre, se sentirá avergonzado de preguntarle lo que no sabe. Los padres quizás recuerden vagamente su propia introducción a "la charla" o la falta de información compartida en su casa, así como su lucha por acceder a ella mientras crecían. Por lo tanto, si bien la relación padre-hijo parece ser la más natural, puede perpetuar concepciones e informaciones erróneas entre los chicos si el padre no se esfuerza por explicar el tema de una manera positiva, saludable y franca.

Los padres separados, divorciados o viudos que mantienen algún tipo de relación con una mujer, pueden representar grandes modelos para sus hijos. Cada vez que el hijo ve a su padre interrelacionarse con una mujer, por cualquier motivo, recibe mensajes sobre cuál es la conducta apropiada para tratar con el sexo opuesto. Sea cual fuere el código que el padre revela con sus palabras y acciones, es probable que el chico lo imite. Ver al padre vivir, compartir y comunicar su vida con principios claros y sólidos es un regalo que todo hijo se merece.

Puntos clave para el padre solo y su hijo

- Tome la iniciativa para hablar con su hijo sobre temas sexuales. Comience con un acercamiento general y observe qué grado de comodidad siente su hijo; use este barómetro para guiarlo de ahí en adelante. Tal vez tenga que recurrir a libros, a parientes o a amigos del mismo sexo.

- Respete el sentido de privacidad de su hijo.
- Trate de dejar de lado las diferencias con su ex esposa, cuando charlan de asuntos relacionados con su hijo.
- Tenga a mano material adecuado para que su hijo lea; por ejemplo, libros, folletos u otros textos sobre salud sexual. Tenga siempre presente el nivel de desarrollo de su hijo.
- No sólo evite burlarse de su hijo sobre los cambios que puede estar atravesando: admire públicamente su crecimiento y sus nuevos niveles de maduración.
- Busque modelos que charlen con el preadolescente y lo guíen. Pueden ser maestros, amigos de la familia, entrenadores u otros miembros de la comunidad, a quienes usted admire y respete.
- No comparta con su hijo sus actuales conflictos sexuales. En cambio, sepa que a los chicos les encanta enterarse de los altibajos que sufrieron sus padres durante su propia pubertad.

No hay razón por la cual el padre pueda sentir rechazo a participar activamente en la educación sexual de su hijo. Todos los progenitores necesitan tener en cuenta las señales que les dan sus hijos para saber si tienen que avanzar, retroceder o cambiar de camino. Aun cuando su hijo preadolescente no se le acerque para hacerle alguna pregunta, mantenga abierta las líneas de comunicación de modo que él pueda recurrir a usted con entusiasmo si en el futuro le surgen preguntas sobre los temas morales vinculados con la sexualidad.

22

LA MADRE SOLA

En nuestra sociedad, por lo general es la madre la que trata el tema de la sexualidad con los hijos. Independientemente del estado civil o del sexo de los chicos, con frecuencia ella asume el papel de educador sexual.

Si bien los estudios sugieren que las madres pasan más tiempo que los padres en comunicación directa con los hijos, hablar de la sexualidad todavía les provoca cierta incomodidad a algunas mamás. Actualmente, al reconocer que la sexualidad es una parte vital en la educación de los hijos, cada vez más madres solas buscan información que las ayude con este aspecto tan importante en la crianza del chico.

La madre sola y el hijo varón

En la sociedad actual, el número de madres solas que educan a sus hijos está creciendo a un ritmo sorprendente. Más de un tercio de las familias están conducidas por madres solas. Por eso es necesario que estas mujeres asuman una función preventiva en la educación sexual de sus hijos.

Una madre sola debe comenzar por informarse acerca de los cambios normales corporales que su hijo varón experimentará durante la pubertad. Tal vez también quiera rever los cambios femeninos para poder compartir este conocimiento con su hijo. A la mayoría de las madres les resulta más fácil hablarles a sus hijos varones de la menstruación que de las poluciones nocturnas. No obstante, dotadas con el conocimiento suficiente, las mamás no deben dejar que el temor les impida charlar sobre estos temas.

En las comunidades locales están surgiendo lentamente, a través de las iglesias y de organizaciones como Planificación Parental (*Planned Parenthood*), oportunidades educativas ocasionales dirigidas a las madres y sus hijos varones. Comúnmente, estas clases las dictan figuras masculinas y sirven para romper el hielo e iniciar conversaciones sobre el tema entre madres e hijos. Dichos cursos ayudan a ambos a desmitificar la sexualidad humana y preparan a las madres para actuar como fuentes viables de más información cuando sus hijos la necesiten. Las madres que aceptan este grado de compromiso con respecto a la educación sexual de sus hijos son admirables.

Si las madres encuentran incómodo desempeñar esta función de educadoras sexuales, pueden recurrir a sus parientes, los modelos de rol de su comunidad, las "autoridades morales" de su grey o sus amigos varones para que guíen a sus hijos. Sin duda, también puede resultar positiva una combinación de madre y guía. Obviamente, se elegirán personas confiables que reflejen los valores morales de la madre y sirvan como modelos de rol importantes.

La madre sola y la hija

Varios obstáculos pueden interrumpir la fluida transmisión de conocimientos de la madre sola a su hija. Los problemas surgen cuando las madres no advierten la incomodidad de sus hijas o no recuerdan que los chicos no pueden formular preguntas claras si están sometidos a presiones. Otras veces, la hija percibe la aprehensión de su madre y, para evitarle cualquier otra molestia, asume la función adulta de proteger a la madre, evitando el tema.

Muchas madres están entusiasmadas por charlar de la sexualidad con sus hijas, pero vacilan por temor a contarles demasiado, a no entender conceptos importantes lo suficientemente bien como para hablar de ellos con claridad o a sentirse incómodas ante las preguntas explícitas de su hija. Todas estas preocupaciones son normales y válidas, pero no deben impedirle a las madres seguir adelante. Estas pueden darse cuenta de que sus temores y preocupaciones son normales, si hablan con otras madres de hijas preadolescentes. Para todos los padres, es un delicado desafío hallar el equilibrio justo entre brindarles a sus hijos la información necesaria para que crezcan seguros y sanos, y cargarlos con temores acerca de sus decisiones sexuales futuras. No hay caminos fáciles que conduzcan al éxito, y los ensayos y errores son parte de todo viaje normal. Al comunicarles a sus hijas una sana perspectiva sobre la sexualidad para toda la vida, las madres solas deben tener cuidado tanto con las palabras que utilizan como con las actitudes que adoptan acerca de su propia sexualidad.

Claves para la mamá sola y sus hijos

- Al tratar temas sexuales anticípese a los hechos. Prepare respuestas para aquellas preguntas previsibles que puedan incomodarla. Practíquelas con sus amigos cercanos, sus parientes o sola frente al espejo.
- Respete el sentido de privacidad de su hijo/a, especialmente el del sexo opuesto.
- Disponga de material de lectura, libros con ilustraciones y folletos sobre la salud sexual que sean adecuados para el grado de desarrollo de su hijo.
- Aproveche los momentos oportunos, tales como cuando miran televisión o se encuentran en situaciones comunes, para charlar de sus valores y creencias con respecto a la sexualidad.
- Evita burlarse de su hijo/a o molestarlo/a cuando comienza a experimentar cambios en su cuerpo.
- Busque modelos de rol que le hablen y lo/a guíen, especialmente en los comienzos y mediados de la adoles-

cencia. Pueden ser parientes, amigos o miembros de la iglesia y comunidad que usted admire y respete.

- Permanezca apegada a la religión o creencia que haya elegido. La sexualidad está íntimamente relacionada con los valores morales y éticos, que pueden afianzarse dentro del contexto de pertenecer y creer en una visión más amplia dc la vida y compartirla.
- No le transmita a sus hijos su conflicto sexual personal. Sea divorciada o no, hay aspectos en la vida adulta de una madre que deben seguir siendo privados.
- Celebre los cambios de su hijo/a a medida que este logra hitos en su crecimiento. (Ver la Clave 19: "Ritos de pasaje".)

La familia compuesta por un solo progenitor es común en nuestra sociedad. Los motivos son múltiples: los más usuales son la muerte y el divorcio, aunque también hay personas solteras que eligen la maternidad o paternidad. En todos los casos, la seguridad de cada chico disminuirá o aumentará según el compromiso que asuma el progenitor en su sana crianza.

23

AMISTADES, PASIONES SÚBITAS E INFLUENCIA DE LOS PARES

El concepto de la amistad se desarrolla a una edad muy temprana y es una pieza clave para las futuras relaciones. Aprender las cualidades que necesita para entablar, mantener y terminar una relación favorecerá a su hijo o hija, para toda la vida.

Amistades

Los progenitores pueden ayudar a sus hijos a desarrollar estas cualidades, proporcionándoles oportunidades para jugar e interactuar con otros chicos de su edad. A medida que crecen, las diferencias basadas en el sexo se tornan identificables en sus juegos. Los varones tienden a interactuar en grupos mayores, elegir a otros varones para jugar y son más revoltosos. Las chicas, en cambio, juegan con una o dos amigas, con las que comparten sus secretos. Tanto los varones como las nenas representan roles imaginarios. Si bien las diferencias entre los sexos existen, desde muy pequeños, vale la pena recalcar que pese a ellas, los varones y las nenas pueden ser amigos.

Incluso entre los mejores amigos, las peleas e insultos son comunes. Los progenitores deben aprovechar los momentos oportunos para ayudarlos a resolver sus roces y aconsejarles que no hagan comentarios hirientes. Ellos o las otras personas que cuidan a los chicos deben servirles de ejemplo, utilizando el vocabulario adecuado cuando se enfrentan con su propio enojo en los conflictos e incentivando a los chicos a que los imiten.

Cuando su hijo ingrese en la escuela primaria, será más selectivo con sus compañeros de juegos. Las nenas juegan en su mayoría con nenas, y los varones con varones. Esta tendencia a entablar amistad con alguien del mismo sexo continúa en la preadolescencia. Los progenitores pueden aprender muchísimo sobre sus hijos si prestan suma atención a sus amistades. ¿Con quién les gusta jugar? ¿Cómo interactúan? ¿Son agresivos o sumisos? Si bien se les debe permitir que resuelvan los conflictos que surgen con sus amistades, los padres deben observar si estos se deben a los insultos, las luchas de poder desproporcionadas o a conductas francamente rudas. Es adecuado que el padre o la madre intervenga si la relación entre los chicos le parece un tanto tirante. Podría decir, por ejemplo: *"Usemos las palabras para contarle a Jimmy cómo te sientes porque no te deja jugar con el tren"*. Una vez que Jimmy se haya expresado y el asunto esté resuelto, sobrevendrá un período más tranquilo. Entonces los progenitores pueden admirar la conducta de los dos amigos: *"Los dos están jugando muy bien. ¡Qué buenos amigos son!"*. No obstante, en la mayoría de las oportunidades la intervención parental no es necesaria, ya que los mismos chicos evitarán las amistades que no les hacen sentir bien. Por lo tanto, los progenitores deben respetar las amistades que sus hijos eligen y darse cuenta de que tal vez contengan algo positivo que ellos no ven. Aprender a trabar amistades y mantenerlas requiere práctica, y sin duda sufrirán algunos altibajos.

Pasiones súbitas

A medida que los chicos ingresan en la preadolescencia, pueden tener una pasión súbita con individuos del sexo opuesto y hasta del mismo sexo. El objeto de deseo puede ser un amigo, un compañero más grande, una estrella de cine o un músico, los maestros... ¡nadie está exento! Estos sentimientos, con frecuencia sexuales y románticos, dirigidos hacia la persona deseada, surgen en la imaginación del niño y le dan a este la oportunidad de experimentarlos sin tener que actuar —según ellos—, en otras palabras, sin correr los riesgos que implica una relación. Es una manera segura de fomentar nuevas emociones, ya que es extremadamente improbable que este deslumbramiento se manifieste alguna vez como una relación verdadera. Con el tiempo, puede que los sentimientos queden transitoriamente heridos, cuando la realidad se haga presente. Por ejemplo, si la querida maestra de computación se casa durante las vacaciones, su joven y anónimo pretendiente se desilusionará. No obstante, las pasiones súbitas son parte del crecimiento en la preadolescencia y la adolescencia, y deben considerarse algo sano.

Tener por alguien del mismo sexo una súbita pasión, no indica necesariamente cuál será la futura tendencia sexual del chico. Es bastante común que los varones más chicos se sientan atraídos por figuras masculinas aunque no quieran admitir estos sentimientos ante sus amigos, y obviamente tampoco ante sus progenitores. Lo mismo sucede cuando las chicas se sienten especialmente atraídas por modelos de rol femeninos o por otras chicas. Tampoco este caso es necesariamente un indicio de homosexualidad. Tanto los varones como las nenas pueden tener atracciones por personas del mismo sexo y, más adelante, establecer su identidad sexual individual sin problema alguno. Una de las características es que son transitorios. Terminan tan pronto como aparecen. En realidad, un chico puede abrigar fuertes sentimientos por muchas personas al mismo tiempo. Lo bueno es que cuando los chicos se sienten así atraídos, están experimentando con sentimientos románticos sin afrontar sus consecuencias o actuar según estos. Después, cuando vuelvan a experimentar esas emociones —que para entonces ya les serán familiares—, estarán lo bastante maduros como para actuar responsablemente.

Influencia de los pares

Puede comenzar a una edad temprana y, en realidad, nunca termina. Si bien con frecuencia se considera negativa, no tiene por qué serlo. Los niños que pasan cierto tiempo en compañía de otros chicos con valores similares pueden compartir influencias positivas y reforzar conductas ejemplares, como la solidaridad y la aceptación de las diferencias entre las personas.

A medida que los chicos ingresan en la preadolescencia, aumenta la tranquilidad de los progenitores cuando notan las cualidades desarrolladas por sus hijos. Esta madurez está relacionada con la repentina necesidad de los preadolescentes de ser independientes. Comienzan por aferrarse mucho a sus amigos del mismo sexo y explorar numerosas relaciones. Se comparten secretos, se hacen juramentos de camaradería y las amistades van y vienen con una naturalidad sorprendente. En esta época, la influencia de los pares puede aumentar. Con el propósito de conservar alguna amistad y su propio sentido de pertenencia, los chicos suelen confiar en la aceptación y convalidación de sus amigos. En estas circunstancias, las amistades desempeñan un papel importante en las decisiones de sus hijos preadolescentes en lo que concierne a las drogas y el alcohol, así como en las conductas relacionadas con el sexo y las aventuras riesgosas.

Por lo tanto, los chicos necesitan saber evaluar críticamente los riesgos potenciales de ciertas conductas que pueden ser tentadoras, tales como robar en tiendas, tomar alcohol y drogarse, o iniciarse en el sexo a una edad temprana. Esperar hasta que el chico ya esté involucrado en estas situaciones para corregir estas conductas peligrosas y negativas es perjudicial y mucho más difícil que tratar los problemas aún no materializados. Los padres deben hablar con sus hijos acerca de las influencias de los amigos y buscar con ellos la manera de manejar las situaciones potencialmente problemáticas. Por ejemplo, pueden jugar con sus hijos a "¿Qué pasaría si..?". Esta es una técnica tan valiosa en muchas situaciones de la vida que cuanto antes el niño la aprenda será mejor. A continuación reproducimos este juego de roles relacionado con la influencia ejercida por los amigos: ¿Qué pasaría si...

- ...tú y tu mejor amigo/a estuvieran en un centro comercial, y él o ella robara algún objeto sin valor? ¿Qué harías o qué le dirías? ¿Cómo te haría sentir esta situación? ¿De qué manera afectaría la relación entre ustedes?
- ...estuvieras caminando por el pasillo del colegio y se te acercara el chico o la chica más popular para ofrecerte un cigarrillo o drogas? Tal vez si aceptaras te invitaría a salir algún día.
- ...tu novio o novia quisiera estar todo el tiempo contigo de la mano o besarte enfrente de todo el colegio?

A medida que los preadolescentes entran en la adolescencia, este juego cobra mayor importancia. Por ejemplo, ¿qué pasaría si...

- ...estuvieras en una fiesta con tu novio/a y él o ella se emborrachase?
- ...practicaras algún deporte en el colegio y tus amigos/as se drogaran?
- ...tu mejor amigo/a te confesara que su padrastro/madrastra le ha hecho propuestas sexuales?

Los progenitores pueden ayudar a sus hijos a pensar en estas hipótesis y preparar respuestas para estas situaciones y otras similares. También es bueno que les enseñen a los chicos respuestas simples y breves para ayudarlos a controlar la presión que ejercen sobre ellos los amigos, tales como:

- "Robar no está bien."
- "No, gracias. Las drogas no son para mí."
- "Un verdadero amigo no me obligaría a hacer algo que es perjudicial para mí."
- "Todavía no estoy lista/o para besarte."
- "No me presiones para que haga lo que no quiero hacer."
- "¿Por qué es importante que los demás nos vean besándonos? Yo creo que es un asunto privado."
- "Yo estoy contento/a conmigo mismo/a tal cual soy. No necesito drogas."

La amistad es un tipo de relación humana muy especial. Tener amigos y compartir cosas con ellos nos llena de profunda alegría. A través de la amistad, los chicos comienzan a comprender la naturaleza del hombre y, en consecuencia, a entenderse a ellos mismos. Todo lo que aprenden mientras crecen en lo que atañe a hacer y mantener amistades lo aplicarán para alimentar y cultivar luego una relación comprometida que sea para toda la vida.

24

EL MATRIMONIO, LOS COMPROMISOS PARA TODA LA VIDA Y EL DIVORCIO

Elegir un compañero para toda la vida es una de las decisiones más importantes que su hijo tomará alguna vez. Esta crucial decisión se basará en parte en el amor, pero sin duda el razonamiento lógico también es fundamental para hacer una buena elección. A tal fin, los jóvenes deben primero conocerse bien a ellos mismos, tener un sistema de valores sólido y claro al que se lo nutra desde la niñez y fijarse algunos objetivos importantes para el futuro. La mayoría de los expertos coinciden en que, si bien hay personas con características opuestas que se atraen y con frecuencia se casan, las relaciones basadas en puntos de vista tan diferentes no suelen funcionar. Cuando dos personas tienen gustos, valores, religiones y sueños similares existe una mayor posibilidad de construir cimientos estables sobre los cuales levantar un matrimonio feliz. Encontrar alguien con estas similitudes y objetivos, y al mismo tiempo alguien por quien uno se sienta física y mentalmente atraído, significa descubrir uno de los tesoros más maravillosos de la vida.

La constitución de la familia y la dinámica de cada núcleo familiar tendrá un impacto duradero en el desarrollo de la sexualidad de su hijo. Los chicos que viven con sus dos padres pueden comprender el significado del matrimonio o del compromiso para toda la vida si los ven valorizar y priorizar el compromiso que cada uno siente por el otro. A través de sus progenitores, observarán que el matrimonio requiere tiempo, energía y dedicación por parte de dos adultos responsables que, además de compartir valores similares, se atraen físicamente. Si bien la mayoría de los hombres y mujeres se casan cuando son adultos, no todo el mundo lo hace. Los preadolescentes comienzan a comprender que muchos gays y lesbianas viven en pareja, aun cuando estas uniones no sean reconocidas por la ley. Los preadolescentes que viven con un solo progenitor también pueden entender que hay adultos que se sienten realizados sin estar casados.

Es fundamental que aquellos progenitores que quieran inculcar la abstinencia sexual a sus hijos pequeños enuncien ante ellos sus valores sobre la institución del matrimonio o algún otro tipo de compromiso similar. Si usted cree en la abstinencia hasta que se concrete una relación seria, sería bueno que le cuente a su hijo cuáles son sus valores y por qué esto es tan importante para usted. También es fundamental recordarle que el sexo es tan sólo un aspecto de la sexualidad.

Si se tiene en cuenta el excesivo aumento de divorcios en nuestra sociedad, es fácil que padres e hijos lleguen a la conclusión de que el matrimonio ha sido desvalorizado. Sin duda las estadísticas demuestran que es así. Más de la mitad de los matrimonios concluyen en divorcio y un creciente número de parejas decide vivir juntos sin casarse. Al mismo tiempo, gran cantidad de revistas y periódicos populares alimentan la esperanza al anunciar que "¡El matrimonio está regresando!"

A la mayoría de los progenitores, divorciados o no, les gustaría que sus hijos encontraran, de grandes, un compañero o compañera al que amarán toda la vida. Los progenitores divorciados pueden ser realistas y aceptar que existe una tendencia a que los hijos repitan la historia de sus padres; pero también pueden ser optimistas y fomentar el valor que tiene elegir comprometerse a amar a alguien para toda la vida.

Cuando los progenitores atraviesan un proceso de divorcio, independientemente de la buena relación que tengan entre sí, el cambio es impresionante para la mayoría de los hijos. Desde la perspectiva de un hijo, siempre está presente la posibilidad de que se sienta de algún modo responsable por el divorcio. De la misma manera, tal vez fantasee con la probabilidad de volver a unir a sus papás. Estos sentimientos son normales. Con el tiempo, los chicos dejan de insistir, y la aceptación reemplaza el deseo de reunirlos.

A los chicos se les debe aclarar, sin rodeos, que no son los responsables del divorcio. Al igual que en otros aspectos de la vida de su hijo, este concepto debe ser repetido muchas veces en distintas circunstancias. También hay que asegurarles que los progenitores se divorcian entre sí y no de sus hijos. En la mayoría de las comunidades, existe ayuda profesional para padres e hijos, que los ayudan a resolver sus conflictos internos y a superar la quiebra del vínculo en el círculo familiar.

Puntos clave para explicarles a los chicos conceptos básicos sobre el matrimonio y el divorcio

- El matrimonio es un contrato o un acuerdo legal celebrado entre dos adultos comprometidos y responsables que comparten valores, sueños, responsabilidades y que se atraen física y mentalmente.
- Llevar adelante un matrimonio requiere trabajo, tiempo y esfuerzo. Es una relación que da cabida al crecimiento emocional y a los cambios que puedan sobrevenir en las dos personas involucradas.
- Los chicos crecen y son cuidados por sus progenitores, que están dispuestos a asumir las responsabilidades propias de la paternidad y la maternidad.
- Algunas personas deciden vivir en pareja sin estar casadas.

- Hay gays y lesbianas que viven comprometidos con su pareja toda la vida aunque su unión no esté reconocida como matrimonio.
- La mayoría de las personas desean casarse y vivir comprometidas con su pareja toda la vida.
- Algunas parejas eligen no tener hijos.
- El divorcio es la terminación legal del matrimonio y puede deberse a distintos motivos.
- El divorcio es una decisión de los adultos y no es responsabilidad de los hijos.
- Cuando los progenitores se divorcian, pueden elegir o no volver a casarse con otra persona.
- Cuando los progenitores se divorcian, las decisiones sobre la tenencia de los hijos y los asuntos financieros pueden tomarlas ellos mismos, o bien los abogados o jueces.
- Durante un proceso de divorcio, los hijos, al igual que los progenitores, tal vez necesiten ayuda profesional para superar sus conflictos.

Cultivar el matrimonio y los otros tipos de relaciones para toda la vida, lleva tiempo. Cuando dos adultos responsables deciden compartir su vida, esa decisión se debe basar en la madurez, el amor y el compromiso que cada uno siente por el otro.

25

EL AMOR Y EL AFECTO

El amor es un aspecto fundamental en todas las relaciones humanas estrechas; por eso, los chicos deben recibir y sentir el amor de sus progenitores. El hecho de que se sientan cuidados en un entorno cariñoso es la base sobre la que se desarrollará y prosperará una sexualidad sana. Ver cómo las personas dan y reciben afecto, en particular los progenitores y los parientes cercanos, permanece grabado en la mente de los niños para imitarlo en sus futuras relaciones. También les brinda alguna idea sobre cómo se tratan las personas en general. Sentirse amado lleva a un individuo a hacer el bien, preocuparse por los demás y vivir moralmente.

El amor y el afecto hacia el preescolar

Al comienzo de esta edad, los chicos aprenden que las personas se demuestran su amor de distintas maneras. Amar significa tener sentimientos cálidos y profundos hacia uno mismo y los demás. Una manera de compartir nuestros sentimientos amorosos es contándoles a aquellos a quienes amamos cómo nos sentimos. El amor también puede expresarse mediante abrazos, besos, sonrisas, caricias, gestos de apoyo, o escuchando con atención al otro mientras habla. Los chicos deben aprender a compartir su afecto con las personas más cercanas: parientes, amigos, niñeras, maestras y vecinos.

Otro concepto que los niños preescolares comienzan a experimentar y comprender es que, incluso cuando dos personas se quieren, existen en su relación muchos altibajos emocionales. Observan que sus progenitores y los amigos de estos pueden estar enojados sin por ello dejar de amarse. También notan que sus padres están disgustados a veces con ellos, pero los siguen queriendo. Pueden enojarse con sus hijos, pero no por eso dejan de amarlos. El enojo y el amor pueden coexistir. Ya a una edad muy temprana, los niños comprenden las diferencias entre estos sentimientos, y esto resulta ser muy valioso para el bienestar emocional de cualquier criatura.

El amor y el afecto hacia el preadolescente

Cuando los chicos hacen preguntas sobre el amor y la sexualidad, los progenitores tienen la oportunidad de transmitirles los valores de la familia y, quizá, de orientar y formar sus sentimientos y acciones en sus futuras relaciones amorosas. Definir el amor no es una tarea sencilla, y existen claramente muchos distintos tipos de amor. Está el amor a los padres y miembros de la familia, a los amigos y parientes, a las mascotas, a la naturaleza y a los menos afortunados. Para mantener relacionas sanas en el futuro, los chicos también tienen que darse cuenta de que amarse a ellos mismos es parte del cuadro.

El amor que los progenitores sienten por sus hijos es un amor íntimo a través del cual comparten sus sentimientos y entusiasmo, su deseo de comunicarse con sus hijos y apoyarlos, al mismo tiempo que tratan de satisfacer sus necesidades. Este sentimiento de amor que se comparte con los más cercanos posiblemente estará presente más adelante en el matrimonio o cualquier otro tipo de convivencia comprometida.

Los preadolescentes deben aprender que entre la atracción sexual y el amor hay una profunda diferencia. La primera consiste en querer compartir sentimientos sexuales intensos con otra persona. Incluye las que llamamos "pasiones súbitas"; sentirse físicamente atraído por otra persona. Tales pasiones pueden comprender, además, aspectos románticos y amorosos además de sexuales. Es un sentimiento maravilloso, pero no el único que se necesita para mantener una relación sana.

Al ser más grandes, los preadolescentes también pueden entender mejor los conceptos que conciernen al amor comprometido. Deben saber que este tipo de amor implica valores y objetivos compartidos, así como amistad, romance y sexualidad, y que no siempre llega fácilmente. Sucede entre los adultos que han decidido que se aman, se han hecho promesas de amor y declarado que harán lo que sea para mantener su unión. Esas dos personas se proponen objetivos similares y están ansiosas y entusiasmadas por compartir una vida juntas, a pesar de los obstáculos que son parte de la vida diaria. Los chicos entienden mucho mejor este amor especial cuando ven en su entorno modelos congruentes del mismo. Aprenden que se necesita tiempo y madurez para alcanzarlo y atención constante para mantenerlo. Lamentablemente, los ejemplos de este amor son cada vez menos frecuentes.

Dedicarles tiempo a todos los hijos

La capacidad de establecer relaciones amorosas es un pilar para la sana sexualidad del chico. Los progenitores pueden mostrarles las cualidades necesarias compartiendo con ellos su tiempo. Más adelante, este hábito convertirá el hecho de compartir en un aspecto importante de las relaciones comprometidas de sus hijos. Nunca se destacará lo suficiente el concepto de *dedicación.* Puedo garantizar que las relaciones entre padres e hijos mejorarán si se lo practica constantemente durante los años de crecimiento de estos últimos.

Pasar tiempo con los hijos parece ser lo que la mayoría de los progenitores hacen diariamente al vivir con ellos, pero *dedicarles* tiempo es realmente muy distinto. Significa compartir un tiempo con ellos haciendo lo que quieran, según sus gustos. Un progenitor le da a su hijo la oportunidad de elegir una actividad (sin duda, dentro de límites razonables) y asume el papel de seguirlo en el desarrollo de esa actividad. El chico es el que dirige. En esta ocasión, existe una gran oportunidad para charlar, compartir o tan sólo estar con el hijo en una relación más personal. El concepto de dedicación puede expandirse en la vida de su hijo para mejorar no sólo la relación entre ustedes sino también la que mantenga con cualquier otra persona cercana, como su niñera preferida o alguna otra persona que cuide al chico. Hasta me atrevería a sugerir que este concepto es el que, si se aplica sistemáticamente, distingue el buen cuidado y atención del chico mediocre.

Cuando el niño crece, puede compartir su tiempo con un solo progenitor, en una relación personal durante una comida. Otra manera de fomentar las relaciones entre padres e hijos es realizar una actividad en la que ambos puedan participar, en cuyo caso se la debe repetir regularmente, ya sea una vez al día, a la semana, o por lo menos, una vez al mes.

El concepto de dedicación es una herramienta parental que funciona año tras año a medida que los chicos se convierten en adultos.

Puntos clave sobre la dedicación

- Debe ser regular, independientemente de la conducta del chico antes del momento establecido.
- Se la puede llamar *"Nuestro tiempo especial"*.
- El chico es quien escoge la actividad y la dirige.
- El progenitor decide durante cuánto tiempo se llevará a cabo y sigue al hijo. Comience con un lapso breve; entre diez y quince minutos es suficiente. Controle el tiempo.
- No debe haber interrupciones. Active el contestador telefónico y asegúrese de que los otros miembros de la familia entiendan y respeten las reglas.
- No se deben permitir malas conductas; y si ocurren, se deben aplicar las medidas disciplinarias comunes y acortar el tiempo especial.

Mantener una relación amorosa con los hijos puede durar para toda la vida. Ese lazo actúa de guía para otras relaciones amorosas. A continuación se detallan algunos puntos clave que los progenitores deben recordar:

- Exhiba los logros escolares de su hijo, tales como sus trabajos prácticos en la clase de arte, su libreta de calificaciones y cualquier otro elemento que exprese: "Estamos orgullosos de ti, y tú también deberías estarlo."
- Hágales saber a sus hijos que los ama incondicionalmente. Todos los chicos necesitan que por lo menos una persona se desviva por ellos. Algunos colaboradores importantes en esta tarea son los abuelos, tías, tíos, u otros adultos que compartan algún tiempo con su hijo.
- Converse con sus hijos sobre los distintos tipos de sentimientos (estar triste, contento, frustrado, furioso). A medida que ellos los experimenten, desígnelos para que los conozcan.
- Dedique tiempo para compartir con su hijo alguna actividad que él o ella disfrute. Conviértala en un ritual que los conecte a ambos y que, más adelante, se transformará en un recuerdo importante.

PARTE CUARTA

HABILIDADES PERSONALES

26

VALORES Y CREENCIAS

Los valores son cualidades de la personalidad humana que tienen vigencia permanente; son las normas que rigen la vida de cada persona, la ética de lo correcto y lo incorrecto. También se los puede definir como cualidades que no sólo benefician al que los recibe sino también al que los practica. Los progenitores desean que sus hijos crezcan con cierta ética que los apoyará y formará como individuos responsables en nuestra sociedad. Sin embargo, algunos tal vez no se esforzaron por determinar cuáles son sus propios valores. En este caso, *ahora* es el momento indicado para poner en orden dicho sistema de valores.

En una reciente encuesta realizada por *Newsweek*, el 48 % de los padres de niños menores de cuatro años respondieron que su principal objetivo como progenitores era educar a su hijo con una moral. La mayoría coincidía en que el código de conducta que querían que sus hijos aprendieran incluía la honestidad, el coraje, la confianza en sí mismos, la disciplina, el respeto, la benevolencia y la justicia. Por supuesto que existen otros valores, que tal vez sean particularmente importantes para su familia. También estos deben agregarse a la lista.

El sentido de una persona acerca de lo correcto y lo incorrecto se forma con el tiempo y con la influencia de la familia, los amigos, la sociedad, la religión y los medios de comunicación. Consecuentemente, aunque muchos padres esperan que sus hijos crezcan con un sistema de valores similar al de ellos, los chicos pueden elegir otro distinto para su vida porque están expuestos a otras influencias que las que afectaron a sus progenitores.

Mientras crecen, y a medida que comienzan a tomar sus

propias decisiones respecto de lo que constituye una conducta ética, sus capacidades cognitivas les permiten pensar y razonar más a fondo. Entre los nueve y los once años existe una buena oportunidad para charlar con sus hijos sobre las elecciones morales. Se puede comenzar cuando los chicos son ya lo bastante grandes para comprender conceptos más complejos, pero todavía mantienen una relación estrecha con sus progenitores. Durante este período, los padres pueden y deben transmitirles sus valores sobre la sexualidad, que más adelante favorecerán la vida de sus hijos.

Inculcar valores

Existen varias maneras de demostrarles a los chicos una conducta apropiada; enseñarles buenos principios no es fundamentalmente distinto de enseñarles matemática, higiene, cocina o sexualidad. Los progenitores pueden recurrir a repeticiones frecuentes, aprovechar los momentos oportunos y dar su propio ejemplo. Es conveniente que tomen una postura preventiva y practiquen los valores con sus hijos a medida que surjan las oportunidades durante las actividades diarias. Los niños de edad preescolar aprenden lo que está bien y lo que está mal a través de ejemplos y muchos halagos cuando se portan bien. Los preadolescentes aprenden de la información basada en hechos concretos y de los ejemplos que derivan de esta. Además, cuando entran en la adolescencia necesitan información todavía más precisa, que los ayude a definir la complejidad de las situaciones en las que se pueden encontrar y a tomar decisiones tajantes en circunstancias potencialmente difíciles e importantes. Todos los chicos prefieren estar bien informados con bastante anticipación para cuando llegue el momento en que necesiten tomar esas decisiones.

Enseñar con el ejemplo

Al definir y expresar sus valores a través de su conducta

diaria, los progenitores les transmiten a sus hijos poderosos mensajes no verbales. Los padres que participan en su comunidad colaborando con ella dan un gran ejemplo a sus hijos. Valores tales como la compasión y la generosidad se demuestran donando ropa o comida a los necesitados, llevándole comida a un vecino enfermo o preocupándose por los temas humanitarios y ambientales.

En muchas familias, los valores se transmiten por medio de ciertas prácticas religiosas y creencias. En todas las religiones, los conceptos fundamentales de bondad, espiritualidad y moral son la base del núcleo familiar. Constituyen los pilares para que la familia cultive buenas relaciones y tenga una vida feliz mientras profesa su religión y vuelca sus enseñanzas en la sociedad.

Enseñar compartiendo conceptos

Nunca se destacará lo suficiente la importancia de conceptos tales como la sinceridad y la confianza en las relaciones tanto personales como sociales. La responsabilidad personal produce un sentido interno de fortaleza y autonomía. Los progenitores que valoran la sinceridad lo pueden expresar señalando los casos en que la veracidad cumple una función vital en el resultado de una decisión. No es necesario aclararlo: los chicos aprenderán que no siempre obtienen lo que quieren aun cuando sean sinceros; sin embargo, ser sinceros es siempre mejor que la otra alternativa. Los progenitores pueden presentarles a sus hijos oportunidades para ejercitar la sinceridad así como otros conceptos.

Enseñar con "Qué pasaría si...?"

Los chicos disfrutan de este juego de roles como una manera de prepararse para futuras eventualidades, y surgen muchas ocasiones de realizarlo con chicos de todas las edades. Es una prueba para ellos, una práctica para imaginarse situaciones en las que quizá necesiten recurrir a determinados valores. Vea este juego como una posibilidad de mejorar su relación con su hijo y prepararlo para tomar decisiones. A los chicos les encanta enterarse de las vulnerabilidades de sus padres mientras estos se debaten con cuestiones morales. Cuéntele a su hijo/a anécdotas de cuando usted tuvo que tomar decisiones importantes y le resultó difícil no apartarse de sus valores.

Enseñar a través del reconocimiento de estos valores en otras personas

Los progenitores pueden transmitirles valores a sus hijos, de manera indirecta, mostrándoles a otras personas que son ejemplos activos de estas virtudes. También pueden señalar como ejemplos útiles de moral sana buenos principios aprendidos de la religión, o realizados por un héroe deportivo, una maestra, un amigo o un personaje del libro preferido. Es previsible que los valores que los chicos aprenden en la casa se internalicen y, con el tiempo, se pongan en práctica fácil y naturalmente.

Enseñar valorizando

No existe nada más ansiado por los chicos que la aceptación, el elogio y la atención de sus progenitores. Por lo tanto, los padres deben buscar el momento de recompensarlos por demostrar en la vida diaria los valores apreciados. Como resultado, los chicos sonreirán con orgullo y repetirán la conducta tan elogiada. Con cada repetición, junto con el elogio que la acompaña, esta conducta se tornará más natural; y es así como se inculcará ese valor.

Aprovechamiento de los medios de comunicación

A menudo se le presentarán oportunidades para repasar con su hijo los valores sexuales. La mayoría de los programas de televisión están inundados de mensajes sexuales que proporcionan la ocasión para charlar sobre los principios morales. Es imposible supervisar todos estos mensajes o la mayoría de ellos, pero bien vale la pena el intento. Los esfuerzos de los padres con respecto a ejercer una censura bien intencionada les demuestran a los hijos que protegen los valores familiares. Al mirar televisión con ellos, verán códigos de conducta que no reflejan los propios. Sin duda, estos momentos son propicios para charlar sobre sus creencias y rectificarlas. Pueden aprovechar para hablarles de sus opiniones sobre las drogas, el alcohol y el sexo, teniendo en cuenta siempre que sus acciones dirán mucho más que sus palabras.

Al igual de lo que sucede con otros temas sobre la sexualidad, los valores de los chicos se forjan no sólo en contacto con su familia, sino también con sus amigos, la religión, la televisión, la escuela y la sociedad en general. En consecuencia, sólo su cabal comprensión de la esencia de las virtudes que los progenitores defienden, los harán vivir de acuerdo con esa moral y rechazar otra que sea menos sana para ellos.

27

EL ARTE DE LA COMUNICACIÓN

¿Qué tiene que ver la comunicación con la sexualidad? ¡Todo! Cuando los chicos aprenden a comunicar sus necesidades, preocupaciones y sentimientos alimentan su propio sentido de individualidad y sexualidad, y se sienten seguros al relacionarse con otras personas. La comunicación nos brinda lo que queremos; a veces nos evita lo que no queremos.

Cuando los chicos son pequeños, se comunican con sus progenitores mediante mensajes no verbales para satisfacer sus necesidades. A medida que crecen comienzan a hablar, y así expresan sus deseos con mayor claridad. Durante los primeros años en la escuela, incorporan a sus habilidades comunicativas la capacidad de leer y escribir. Una vez que alcanzan la preadolescencia, deben practicar con constancia otro aspecto de la comunicación: el *arte de escuchar*.

Lamentablemente, si bien la mayoría de los adultos aprendieron las capacidades básicas del lenguaje (leer, escribir y hablar), muy pocos demuestran poseer la de escuchar. Esto se convierte en una falencia crucial en el seno de la familia. Si la recepción auditiva del progenitor no cumple con su función adecuadamente, a la larga se bloquearán las líneas comunicativas. No obstante, si los progenitores aprenden a escuchar a sus hijos cuando estos son pequeños, ¡tal vez ellos los escuchen más adelante! Entonces, ¿cómo hacer para lograrlo?

La escucha especular

La "escucha especular" (o "en espejo") es una técnica que permite la comunicación entre dos individuos. Consiste simplemente en tomarse el tiempo necesario para escuchar con atención lo que el otro dice, sin concebir ideas u opiniones anticipadas. También presupone que la persona que escuche esté dispuesta a no dar soluciones. Como receptor bien dispuesto, el progenitor debe tratar de reformular las palabras del hijo y/o identificar el sentimiento subyacente que, posiblemente, el chico esté experimentando. Este es un intento de aclarar lo que el hijo expresa y, al mismo tiempo, de verificar si realmente se entendió lo que quiso decir. Por supuesto que la escucha especular requiere tiempo, esfuerzo y, sobre todo, mucha práctica.

Muy a menudo, cuando escuchan a sus hijos los progenitores se precipitan a darles soluciones, puntos de vista o reprimendas. Esta conducta puede significar para el chico, que él no es capaz de manejar sus propios problemas. Si reacciona de manera autoprotectora construyendo barreras mentales, se puede interrumpir la comunicación con el progenitor. Por ejemplo, Jocelyn llega a casa del colegio visiblemente molesta:

Mamá (tratando de levantarle el ánimo): —*¿Cómo te fue?*

Jocelyn: —*Pésimo. Emily me robó el lápiz y no me lo devolvió.*

Mamá: —*¿Se lo contaste a la maestra?*

Jocelyn: —*No.*

Mamá: —Tienes que contarle a la maestra; o, si no quieres hacer eso, dile a Emily que te devuelva el lápiz. Está mal que los chicos tomen cosas que no les pertenecen. Está en contra de las reglas. Tú sabes que está mal; ¿por qué le dejaste hacer eso?

La mamá da un sermón y lanza una acusación al mismo tiempo; y para cuando esta mamá termine de hablar, Jocelyn se habrá desplomado en la silla, sintiéndose derrotada y sin salida. Por el contrario, si la mamá se hubiera tomado el tiempo necesario para escucharla y no se hubiera apresurado a sacar sus propias conclusiones, otro hubiese sido el resultado:

Mamá (tratando de levantarle el ánimo): —*¿Cómo te fue?*

Jocelyn: —*Pésimo. Emily me robó el lápiz y no me lo devolvió.*

Mamá: —*¡Qué cosa!* (Pausa)

Jocelyn: —*Sí, y me enojé tanto que casi le pego. Luego la maestra nos vio y nos dijo que "nos arregláramos".*

Mamá: —*¿Te enojaste con Emily y la señorita Weber quiso ayudar?*

Jocelyn: —*Emily me devolvió el lápiz, pero ahora no quiere ser más mi amiga.*

Mamá: —*Parece que todavía estás enojada con Emily por haberte sacado el lápiz.*

Jocelyn: —*Mañana todo se arreglará.*

Cómo debe practicarse la escucha especular

- Practíquela cuando tenga mucho tiempo por delante. El trajín matutino quizá no sea el momento oportuno.
- Mire a su hijo a los ojos, para expresarle calidez y franqueza.
- Parafrasee o repita el mensaje de su hijo a medida que lo escucha.
- Aclare cualquier mala interpretación.

- Entérese del punto de vista de su hijo.
- Hable en primera persona cuando sea apropiado.
- Sólo opine cuando su hijo se lo pida.

Cómo no debe practicarse la escucha especular

- No lo interrumpa mientras habla.
- Evite cualquier tipo de análisis, sugerencia o lección de moral.
- Evite hacer preguntas destinadas a obtener más información o tan sólo para aparentar que está interesado.
- No subestime las preocupaciones de su hijo, expresándose con humor o sarcasmo.

A continuación reproducimos algunas frases que ayudan a los padres a expresar interés mientras escuchan sin juzgar:

- Debiste haber tenido alguna buena razón para hacerlo.
- Me imagino qué confuso te debe resultar esto.
- Quiero saber algo más sobre lo que pasó.

Reconocimiento de los propios sentimientos

Uno de los papeles más importantes que los progenitores pueden desempeñar en la vida de sus hijos consiste en enseñarles a reconocer sus sentimientos. Ser capaz de identificar emociones es un proceso de aprendizaje que comienza a los dieciocho meses. Existen varias emociones principales que los seres humanos pueden sentir, y somos más sanos cuando nos permitimos experimentarlas todas. Los sentimientos no son buenos ni malos, simplemente *son*. En consecuencia, no es incorrecto estar enojado, triste, contento, infeliz, furioso o adorable como respuesta a distintas situaciones. Lo que sí importa es la manera en que expresamos nuestros sentimientos, ya sea en palabras o acciones, porque esto afecta nuestra relación con los demás y también la visión que tenemos de nosotros mismos.

Cuando los chicos alcanzan los dos o tres años de edad, experimentan una suerte de explosión en su crecimiento lingüístico y emocional, y aprender a identificar estas emociones es un proceso que requiere tiempo y paciencia. Los progenitores pueden ayudarlos a identificar las distintas emociones que ellos expresan (por ejemplo: "Te enojaste con Mary"). Esta identificación es de extrema utilidad para los hijos y, con el tiempo, les permite controlar sus sentimientos (identificarlos, aceptarlos y manejarlos).

Además de escucharlos, los progenitores pueden demostrarles sus propias formas eficaces de comunicarse. Deben manifestar claramente sus sentimientos hablando en primera persona: *"Me enojo cuando..."* o *"Me gusta cuando..."* Los chicos comenzarán a asimilar mejor estas cualidades comunicativas cuanto más en contacto estén con ellas. Aprender nuevas formas para comunicarse y saber escuchar requiere práctica, pero bien vale la pena el esfuerzo. La buena comunicación ayuda a los chicos a elaborar su autoestima, a comprender a los demás y comprenderse a sí mismos. Es fundamental en todas las relaciones personales, incluso en el matrimonio.

Ser capaz de compartir sentimientos constituye un aspecto de la relación de amar y ser amado. De hecho, algunos expertos sugieren que el amor no es posible entre las personas que no experimentan activamente una amplia variedad de emociones. Entonces, es sano que los chicos practiquen en un entorno seguro expresarles sus sentimientos a aquellos adultos que los aman incondicionalmente. Pueden aprender así a identificar qué situaciones impulsan una determinada emoción y qué pueden hacer para resolver un sentimiento molesto o recuperar uno agradable. "Tragarse" los sentimientos nunca funciona; y, tarde o temprano, aleja a las personas de sí mismas y de los demás.

Comunicación no verbal

Además de la comunicación verbal, la no verbal tiene también un papel importante en la vida diaria. Cuando los chicos (o adultos) dan un portazo, gritan, ponen mala cara, golpean (algo) o ignoran (a alguien) están dando un mensaje no verbal claro que expresa: *"No soy feliz"*. Interpretar estos mensajes subyacentes es una de las habilidades comunicativas que los chicos comienzan a aprender y comprender. Sin embargo, debe recordarse que la comunicación no verbal generalmente es menos eficaz que la verbal, y que los claros mensajes orales reducen el peligro de incurrir en malas interpretaciones resultantes de "leer" mentes, sonidos o rostros.

Los chicos capaces de comunicar sus sentimientos, necesidades y preocupaciones construyen los cimientos para mantener más adelante buenas relaciones con los demás. Aprender esto es fundamental para un sano desarrollo sexual. Al enseñarles a sus hijos el arte de la comunicación, los progenitores crecen junto a ellos. Si bien al comienzo la comunicación verbal es difícil de controlar, con la práctica puede mejorar todas las relaciones entre las personas que la aplican.

28

TOMAR DECISIONES

Es un aspecto integral de la vida tanto para los adultos como para los chicos. Elegir bien es fundamentalmente importante cuando están involucradas la salud y la sexualidad.

Los chicos necesitan oportunidades para practicar esto en situaciones adecuadas a su grado de desarrollo. Sin duda, existen muchos problemas que los chicos pueden resolver con éxito si se les da la oportunidad. Mientras practican, también aprenden que sus decisiones tienen consecuencias. Muy a menudo, los progenitores sienten que ser un buen padre o madre significa solucionarles a los hijos todos los problemas. Pero esto no los beneficia, porque les envía el claro mensaje de que no son capaces de encontrar las soluciones a sus problemas y deben depender de otros. A la larga, esto crea adultos superdependientes, que tal vez sean en el futuro compañeros o padres con falencias.

Los chicos deben practicar la toma de decisiones desde pequeños y en las situaciones diarias. Por ejemplo, a un niño de edad preescolar se le puede dar a elegir entre dos opciones acerca de qué ponerse, con qué juguete jugar y con qué amiguito. Estas y otras oportunidades similares adecuadas para su edad lo ayudarán a desarrollar esta cualidad fundamental. Cuanto más oportunidades tenga para practicar, más aprenderá sobre las dificultades que implica hacer una elección. Con el tiempo, aumentará la confianza en sí mismo para tomar buenas decisiones en todos los aspectos, incluso los que afecten su sexualidad.

Al mismo tiempo, los chicos deben aprender que todas las decisiones traen aparejadas consecuencias; y al dejarlos que las experimenten aprenden lecciones valiosas. Por ejemplo, Nathan, de doce años, quiere hacerse un corte de pelo que está de moda y les pide a sus padres que lo lleven a la peluquería. Su madre observa las ventajas y desventajas potenciales: ese tipo de corte es fácil de cuidar y es verdad que está muy de moda, pero tal vez a Nathan no le guste cómo le quede su nuevo *look*. No obstante, la decisión final queda en manos de Nathan. Desafortunadamente, termina odiando su nuevo corte. Sus amigos le hacen bromas porque se lo ve raro. En cambio, su mamá apoya la elección y no lo critica por su decisión. Lo tranquiliza diciéndole que algunas elecciones no satisfacen nuestras expectativas y que, por suerte, el pelo volverá a crecerle pronto. En este caso, Nathan aprende una lección importante sobre las consecuencias. Muchas veces los chicos deberán enfrentarse con decisiones sexuales durante su preadolescencia y adolescencia. A veces quizá se trate de elegir entre la actividad sexual y la abstinencia. Otras decisiones versarán sobre las relaciones con otras personas, la salud sexual y las drogas. A cada elección le corresponderá una consecuencia.

Es fundamental que los hijos vean a sus progenitores solucionar problemas y tomar decisiones en forma conjunta durante la vida familiar diaria. Los progenitores deben hacerlos participar en la selección de actividades y salidas en familia, así como en otros aspectos en que las decisiones atañen a toda la familia. No obstante, existen muchas decisiones que los chicos no son capaces de tomar y que, sin duda, les incumben a los progenitores. A veces es difícil determinar qué decisiones tiene que tomar cada cual. Los chicos maduran a distintos ritmos, y algunos están más preparados para el razonamiento lógico que otros. Cada familia debe determinar en qué situaciones y a qué edad se le debe permitir a un chico tomar decisiones finales. En muchos temas, como los relacionados con la seguridad, la respuesta es evidente: los chicos no deben elegir si ponerse o no el cinturón de seguridad, si usar o no un elemento protector para practicar algún deporte o si vacunarse o no. Otras decisiones son más ambiguas. Por ejemplo:

¿A qué edad debe comenzar una chica a depilarse las piernas?

¿Qué y cuánto debe comer un chico?

¿Hasta qué hora puede el adolescente estar levantado?

¿Cuánto se lo debe ayudar con las tareas escolares?

A medida que los chicos crecen, son capaces de asumir más responsabilidad y de hacer elecciones acerca de asuntos más complejos. Un objetivo de los progenitores es cederles autoridad en forma gradual mientras crecen, permitiéndoles asumir más responsabilidades por sus propias acciones y experimentar las consecuencias de sus decisiones. Lo cierto es que llegado el momento en que los chicos comienzan a tomar decisiones sexuales, ya no están bajo la influencia directa de sus padres; por eso, cuanto más practiquen decidir sobre los asuntos diarios, más capaces serán de elegir bien en cuestiones sexuales más adelante. Cada vez que sea posible (y realista) los progenitores deben alentarlos a que hagan elecciones y apoyarlos, aun cuando ellos hubieran actuado de modo diferente. Al tratarlos como miembros autónomos de la familia, en un pie de igualdad con los demás, se los valoriza. A su vez, esto contribuye en gran medida a que tengan un sentido de sus propios méritos.

Si el resultado de sus decisiones es positivo, su ego aumenta un poco; si ocurre lo contrario, las consecuencias naturales les enseñarán valiosas lecciones y podrán evitar errores similares en el futuro. No importa cuáles sean las limitaciones que los progenitores les impongan a los chicos en cuanto a tomar decisiones, les *deben* permitir que hagan elecciones relacionadas con sus gustos personales. Algunos ejemplos son el color y la combinación de la ropa, el estilo y los cortes de pelo (dentro de límites razonables). ¡Respete la individualidad de su hijo!

Estos son algunos puntos clave a tener en cuenta para ayudar a los hijos a tomar decisiones:

- Déle a su hijo la oportunidad de tomar decisiones, ofreciéndole alternativas adecuadas para su edad. Cuanto más pequeño sea el niño, menor será la cantidad de alternativas y viceversa. A continuación, reproducimos algunos ejemplos de alternativas, con las que los chicos pueden practicar:

  — Qué ropa usar. Si eligen la incorrecta para el clima imperante, aprenderán qué se siente al tener mucho frío o calor.

  — Si comer o no. Si, por ejemplo, el chico opta por no almorzar, tendrá hambre a media tarde. Sentir hambre es un poderoso motivador.

  — Si ir al baño o no. Si su hijo ya va a la escuela primaria, esta función corporal debe depender totalmente de él.

- Proporciónele a su hijo alternativas aceptables para ambos. Si le ofrece dos opciones, asegúrese de que usted pueda quedar satisfecho con ambas.
- Una vez que la decisión se adoptó no intervenga y deje que el proceso siga su curso. Las consecuencias naturales son maestras poderosas.
- Cuando se trata de una consecuencia negativa nunca lo recrimine con un: "*¡Te lo dije!*"
- Elogie el resultado de las buenas elecciones, especialmente las relacionadas con la salud. Dígale:

  — Estás comiendo muy sanamente.

  — En verdad te estás cuidando mucho.

  — Haces buenas elecciones.

  — ¡Tienes ideas maravillosas!

- Déle a su hijo el ejemplo tomando usted mismo decisiones sabias sobre el estilo de vida, los valores, las relaciones personales y las técnicas parentales.

- Charle con su hijo sobre el proceso de analizar y tomarse el tiempo necesario para decidir lo correcto, en particular cuando surgen alternativas difíciles.
- Repase sus valores con su hijo. Manifestar o no atracción sexual hacia otra persona es una elección.
- Asegúrese de que su hijo sepa que usted está dispuesto a ayudarlo cuando haya que tomar decisiones difíciles.

Aprender a tomar buenas decisiones requiere práctica. Nunca es demasiado temprano para comenzar, y esta habilidad nunca se perfecciona del todo. Los chicos que la practican llevarán grandes ventajas en cuanto a convertirse en adultos sanos y responsables, capaces de tomar decisiones bien pensadas sobre los grandes dilemas de la vida, incluso en materia sexual.

29

RESOLUCIÓN DE PROBLEMAS

Las cualidades sociales necesarias para resolver con éxito los problemas son útiles si se aplican diariamente. En todo tipo de relación personal los conflictos son inevitables, pero existen maneras prácticas de encarar las diferencias personales. Los chicos que aprenden a resolver problemas con eficacia pueden hacer sanas elecciones sobre su propia sexualidad, y es más posible que se conviertan en adultos felices y responsables, capaces de hacer valer su personalidad. Los progenitores pueden enseñarles a autoafirmarse con respeto, a negociar en las situaciones en las que no se llega a un acuerdo y a buscar ayuda en los demás cuando las soluciones parecen lejanas. Con la práctica, los chicos pueden convertirse en expertos en la resolución de problemas.

La autoafirmación

El viejo adagio que dice "A los chicos hay que mirarlos y no escucharlos" ha expirado. Con frecuencia, los padres que se criaron en familias donde en la cena reinaba el silencio se sienten incómodos y desafiados por esta autoafirmación de los hijos. Sin embargo, los psicólogos afirman que los chicos tienen el derecho y la responsabilidad de expresarse y que deben aprender cómo hacerlo respetando los derechos de los demás. Así, pueden convertirse en adultos responsables de ellos mismos, de sus actos y de las consecuencias de dichos actos.

A medida que los chicos se hacen preadolescentes, la expresión de sus necesidades se vuelve fundamental. La sexualidad es uno de los aspectos donde mejor se observan los beneficios que se logran al enseñarles a autoafirmarse. Algunos de los temas acerca de los cuales los chicos deben hablar son: el acoso sexual, las violaciones, la abstinencia y los límites que deben fijarse en las relaciones. Cuanto más practiquen mientras sean chicos, mejor actuarán al enfrentarse más adelante con situaciones más complejas, que requieran adoptar actitudes relacionadas con los valores.

Hay que lograr un equilibrio entre autoafirmarse y respetar. A menudo el equilibrio entre solicitar algo con respeto y ser grosero es delicado. Todas las conversaciones entre adultos y chicos, y de los chicos entre sí, deben tener lugar dentro de un marco de amabilidad. Los chicos tímidos y/o supersensibles se encuentran con algunos obstáculos al tratar de hacer valer su personalidad. Estos chicos tienen necesidades pero no las exteriorizan. Es por eso que los chicos tímidos, introvertidos o hipersensibles necesitan ser más alentados y apoyados a medida que aprenden y practican cómo autoafirmarse.

Una manera de ayudar a los preadolescentes a que superen el temor de hacer valer su personalidad es realizar un juego de roles para saber cómo actuar en situaciones potenciales. Un progenitor puede hacer el papel del hijo y este el del padre o viceversa. Por ejemplo, Andrew quiere correr en la competencia de cuarto grado en el mismo auto donde irá Brian, pero le han asignado el auto de la madre de Anna. Andrew se siente mortificado ya que quiere participar con Brian y así los demás no se burlarán de él por ir con Anna. La mamá de Andrew decide escenificar una conversación entre Andrew y su maestra, la señorita Crawford. Andrew hará de él mismo y su mamá hará de la señorita.

Andrew: *—Señorita Crawford, realmente quisiera correr en el mismo auto de Brian.*

Mamá (como si fuera la señorita Crawford): —*Lo siento, Andrew, pero ya te asigné el auto de Anna.*

Andrew (hablándole a su madre): —*¿Ves?, la señorita Crawford no cambiará de opinión porque yo se lo pida.*

Mamá: —*Espera, Andrew. Tienes que decirle por qué te molesta.*

Andrew: —*Está bien, lo volveré a intentar. Señorita Crawford, quisiera correr con Brian porque es mi amigo. Es un viaje largo y no me gusta cuando los chicos se burlan de mí porque estoy con Anna.*

Mamá (como la maestra): —*De acuerdo Andrew, pero ¿y Anna qué sentirá con todo esto?*

Andrew: —*Le puedo explicar que no tengo nada en su contra, que es sólo porque Brian y yo somos buenos amigos.*

Mamá (como la maestra): —*Está bien, Andrew, si tú y Anna lo pueden resolver, yo no tengo problemas.*

Andrew (a su mamá): —*Pero mamá, ¡no va a decir eso!*

Mamá: —*Puede ser, pero por lo menos tú te habrás expresado y te sentirás mejor por contarle tus sentimientos a la maestra. Pruébalo y ya verás.*

El juego de roles puede abarcar muchas situaciones, aparte de los dilemas escolares. Los adolescentes también pueden ensayar conversaciones telefónicas con sus amigos del sexo opuesto, entrenadores o hermanos.

Concesiones y negociaciones

Al resolver problemas mediante acuerdos estamos negociando; y esto es algo que hacemos todos. Cuando los progenitores de un niño pequeño le dicen: *"Ordenemos tu habita-*

ción y después jugamos", le están enseñando el arte de negociar al mismo tiempo que satisfacen sus necesidades. El mensaje queda claro: *"Si primero ordenamos la habitación, después jugamos. De lo contrario, no"*. Cualquier problema intrascendente puede tratarse como algo negociable, y resulta ser una práctica útil. Resolver problemas hasta puede ser divertido, provechoso e interesante.

Los chicos deben saber que lo primero que hay que hacer en una negociación es identificar las propias necesidades y exteriorizarlas claramente. Sin duda, habrá situaciones en las que el chico no obtendrá lo que quiere, pero se le debe asegurar que nada podrá obtener si no lo pide. El paso siguiente es buscar un acuerdo que sea posible. Asegúrese de que su hijo comprenda que es importante que en el esfuerzo por llegar a una conciliación no sacrifique sus valores y creencias. Por supuesto, esto es de suma importancia cuando están involucrados temas sexuales. Tranquilice a su hijo diciéndole que si un acuerdo no está tomando la dirección correcta y el buen resultado parece inalcanzable, se puede lograr una conciliación y solucionar los problemas con la ayuda de otras personas, como parientes, maestros o profesionales.

Buscar ayuda

Afortunadamente, la mayoría de los problemas son equivocaciones diarias para las cuales hay soluciones simples. No obstante, a medida que aumenta la complejidad de los problemas, los chicos deben estar seguros de que sus progenitores y parientes están a su lado para ayudarlos. Se les debe decir que buscar ayuda es una manera inteligente de solucionar un problema. Comprenderán que la ayuda puede brindarse de distintas formas: oídos que nos escuchen, una llamada telefónica, una carta en el momento oportuno o cualquier otra demostración de cariño. Muchas escuelas públicas norteamericanas han introducido el popular "Programa de Resolución de Conflictos" para enseñarles a los chicos de la misma edad a resolver conflictos entre ellos.

Cuando los problemas requieren ayuda profesional son los progenitores los que han de decidir por sus hijos. Pero, a medida que estos crecen, si sienten que su problema es demasiado complejo para resolverlo solos o con sus padres deben saber que hay ayuda profesional disponible. Estos últimos les pueden contar ejemplos en los que recurrieron a dicha ayuda para solucionar un problema o afrontar un gran cambio. Algunos ejemplos de estas situaciones son: comprar una casa nueva, planear las vacaciones, aprender a tocar un instrumento, tratar cuestiones médicas o encarar difíciles circunstancias económicas. Los progenitores deben intervenir de inmediato y buscar ayuda para sus hijos cuando estos están en peligro, heridos, deprimidos, o tienen problemas derivados del uso del alcohol o las drogas.

Puntos clave para los progenitores sobre la resolución de problemas

- Todos los chicos tienen derecho a expresar sus necesidades y sentimientos a sus progenitores u otras personas confiables.
- Al expresar las necesidades propias, es de suma importancia respetar las necesidades de los demás. Esto marca la diferencia entre hacer valer la propia personalidad e imponerla.
- Los chicos tienen el derecho de exteriorizar sus sentimientos aun cuando no coincidan con los de los demás.
- En el momento de comunicar las propias necesidades, la sinceridad es fundamental.
- Practique negociar con sus hijos sobre temas cotidianos como los quehaceres domésticos, los programas de televisión, los permisos, etc.

Saber solucionar problemas es una cualidad que se aplica a lo largo de toda la vida y que requiere práctica constante. A medida que los chicos crecen, sus necesidades son otras y necesitan aprender y participar en la solución de problemas cada vez más complejos. En las relaciones personales, los resultados de las charlas sobre temas delicados, a veces sexuales, pueden fortalecer el equilibrio familiar o hacerlo tambalear. En consecuencia, se debe poner especial cuidado en disponer del tiempo, la paciencia y los métodos necesarios para tratar estos temas. A la larga, los chicos aplicarán estas enseñanzas fuera de su entorno familiar al relacionarse con sus pares, maestros y futuros cónyuges.

PARTE QUINTA

CONDUCTA SEXUAL

30

CURIOSIDAD SEXUAL

A medida que los chicos comienzan a explorar el mundo que vislumbran más allá de ellos mismos, experimentan una curiosidad natural por las partes íntimas del cuerpo de una persona del mismo sexo o del opuesto. Las nenas se interesan por saber cómo son los genitales de los varones, y viceversa. Esto sucede especialmente cuando un chico no tiene un hermano del sexo opuesto o todavía no tuvo oportunidad de ver desnudo a algún miembro de la familia del sexo opuesto. Para la mayoría de los progenitores, esta etapa de curiosidad sexual normal es el primer caso verdadero en el que deben establecer límites con respecto a tener una conducta sexual socialmente aceptable.

Durante los juegos más comunes, los chicos aprovecharán la oportunidad de acercarse físicamente a sus amigos del mismo sexo o del sexo opuesto para descubrir cómo son. La circunstancia más corriente se presenta cuando los chicos juegan al doctor. La mayoría de los chicos van al médico, y en estas visitas su cuerpo es examinado; entonces, cuando juegan eligen actuar esta situación para ver otro cuerpo.

Los progenitores deben saber que los chicos realizan estos juegos sexuales tan sólo por curiosidad, y que es normal. Cuando los padres descubren a su hijo desnudo, o parcialmente vestido, ante otro chico, su reacción es fundamental para el sentido que el chico tendrá de su propio cuerpo y privacidad en el futuro. Los progenitores no tienen que alarmarse, ni tampoco reprender o castigar al hijo. Sin embargo, sí tienen que establecer pautas para lograr una conducta sexual apropiada en el futuro.

Manejo sensible de los límites sexuales

SITUACION N° 1

Su hijo de cinco años llevó a su casa a un compañero, y usted nota que están curiosamente en silencio. Va a ver en qué andan y los interrumpe. Ahí están: desnudos de la cintura para abajo. ¿Cómo actúa?

Una situación así incomoda a muchos progenitores; pero si se preparan con anticipación para un momento como este, por lo menos parecerán tranquilos. No les grite ni los reprenda; en cambio, establézcales pautas que deberán cumplir en su casa. Puede decir algo así: "*Quiero que se vuelvan a poner la ropa que se sacaron. El cuerpo de ustedes es íntimo, y no hay que quitarse la ropa en casas ajenas. Veamos a qué otra cosa pueden jugar*".

Contarle o no lo sucedido al progenitor de la otra criatura es una decisión personal; pero, como regla general, se aconseja tomar esta actitud. Este puede ser el momento oportuno para que cada chico tenga una charla con su respectiva familia. Sin incomodar a su hijo, puede explicarle cuáles son los límites sexuales aceptados. Este paso evitará que su hijo experimente sentimientos confusos de culpa o de desconfianza. Si su hijo continúa jugando al doctor, es una señal que indica que su curiosidad no ha sido satisfecha. Siéntese con él y repase la información elemental que él ya posee acerca de un cuerpo desnudo, nombrando las distintas partes. A esta edad, la mayoría de los chicos quedarán conformes. Si su hijo todavía tiene interrogantes, no dude en responderlos a todos. Evite las postergaciones. Posiblemente, el progenitor del otro chico haga lo mismo.

¿Cuándo preocuparse?:

- Si esta situación de desnudarse ocurre entre chicos cuyas edades difieren en más de cuatro o cinco años. En esta circunstancia, el chico mayor puede abusar del poder que tiene sobre el menor.

- Si el chico parece haber sido forzado contra su voluntad.
- Si el chico parece retraído, excesivamente sensible, o si su conducta cambia en forma drástica después de lo ocurrido. En este caso, tal vez se necesite ayuda profesional para resolver sus sentimientos y los de su hijo.

¿Qué debe hacer si su hijo no quiere escucharlo o parece no querer conversar sobre un acontecimiento sexual?

El temperamento de su hijo puede ser muy sensible. Tal vez decida guardar silencio y no charlar sobre el tema. Es común que los chicos se sientan incómodos al hablar de su cuerpo y de sexo, especialmente si creen que actuaron mal. Además, tal vez no sepan cómo exteriorizar su confusión o explicar lo que sucedió. Si bien tiene que respetar los sentimientos vulnerables de su hijo, el deber del progenitor es proporcionarle la información necesaria, independientemente de que el chico le preste atención o no. Si opta por no escucharlo, o simplemente se va y lo deja hablando solo, dígale que le traerá un libro para que lo lea, si quiere. Algunos chicos más grandes se sienten más a gusto así, sobre todo cuando los progenitores tratan de enseñarles cosas sobre el sexo opuesto. Déle a su hijo el tiempo y la privacidad necesarios para procesar la información. Después de algunos días, pregúntele sin rodeos si miró lo que le dejó, y si tiene alguna pregunta.

SITUACION N° 2

Su hijo pequeño se está bañando y comienza a tocarse los genitales.

Esto es algo tan común que se repite varias veces en la

mayoría de las familias. Cuando esto ocurra, aproveche la oportunidad para repasar con su hijo las distintas partes del cuerpo. Procure hacerlo con una actitud natural. Comience nombrando una parte no sexual del cuerpo, luego intercale las partes sexuales con las otras. Desde el comienzo utilice los términos anatómicos correctos. (Ver la Clave 8 para repasar estos términos.) Al mismo tiempo, explíquele a su hijo que dichas partes son privadas, y sea bien explícito (Ver la Clave 2). *Las partes privadas del cuerpo* son las cubiertas por el traje de baño. Para los varones, abarcan el pene, los testículos y la cola; para las chicas, el busto, la vulva y la cola. Los chicos deben comprender que nadie más que ellos deben tocar estas partes, y que tampoco deben mostrárselas a nadie. Por supuesto, hay excepciones cuando un progenitor ayuda a su hijo a bañarse o cuando un médico realiza algún chequeo o trata alguna enfermedad o lastimadura.

Pudor en el hogar

Establecer pautas y límites acerca de la desnudez y las duchas compartidas puede ser la primera señal de que los progenitores han aceptado verdaderamente que sus hijos son seres sexuales independientes. Es común que una madre muy ocupada, cuando trata de prepararse a sí misma y al resto de su familia para salir, se duche con uno o dos de sus pequeños: es rápido y eficaz. Entonces, ¿en qué momento los progenitores necesitan disfrutar de su privacidad en la ducha?, o, aun más importante, ¿en qué momento los chicos la necesitan? Al igual que en muchos otros aspectos de la parentalidad, no hay una edad determinada a partir de la cual el progenitor no debe, de ninguna manera, ducharse con sus hijos; sin embargo, existen ciertas normas claras que pueden ayudar a los progenitores con este tema.

Los chicos son seres sexuales exactamente como los adultos aunque todavía no tengan la capacidad de comprender los temas sexuales en toda su complejidad o de expresar sentimientos sexuales intensos. No obstante, ver desnudo a alguien del mismo sexo o del sexo opuesto puede excitarlos y confundirlos.

Cuando el progenitor se baña con su hijo del sexo opuesto, la primera señal que le indica que ambos necesitan privacidad ocurre cuando el chico observa absorto el cuerpo desnudo del adulto hasta el punto de causarle cierta incomodidad. En ese momento es conveniente un poco de pudor. Cubriendo su propio cuerpo enfrente de los hijos, los progenitores les enseñan cómo comportarse y, al mismo tiempo, les indican el grado de privacidad que necesitan para sentirse cómodos. Cubrirse expresa un sentimiento de respeto hacia el propio cuerpo.

Por lo general, cuando la mayoría de los chicos alcanzan los siete u ocho años, los progenitores notan su renuencia a ducharse con un adulto o a que los vean desnudos. La mayoría de los chicos de nueve y diez años se sienten incómodos si un progenitor los interrumpe mientras se están bañando. Se debe respetar a los chicos prepuberales y proporcionarles la privacidad que necesitan en el baño. Prestando atención a las señales que les dan sus hijos, los progenitores pueden responder adecuadamente a la necesidad de privacidad de aquellos al mismo tiempo que les imparten una enseñanza.

31

LA ABSTINENCIA

Aunque esto le pueda parecer sorprendente, la abstinencia, definida como la ausencia de toda actividad sexual que pueda causar un embarazo o una infección transmitida por esa vía, es un tema que a los preadolescentes actuales no les preocupa, ya que la mayoría no entiende por qué los adultos quieren "hacerlo". (Es conveniente que los padres les anticipen que a medida que vayan creciendo tendrán ganas de hacerlo ellos también.) La forma más segura y sana de disfrutar este aspecto de la sexualidad reside en posponer el momento del debut sexual hasta que estén realmente preparados, más allá de que ocurra en la adolescencia, en el marco de una relación basada en el compromiso o luego de contraer matrimonio. Estar "realmente preparado" significa estar cabalmente informado y saber qué decisiones deben tomarse considerando sus posibles consecuencias. Conforme los chicos entran en la adolescencia y luego en la juventud, pueden comprender que abstenerse les permite elegir otras opciones que no sean el coito o bien posponerlo si eso es lo que desean.

Al margen de nuestras opiniones y de las reglas que decidamos imponerles a nuestros hijos, ellos son quienes tienen la última palabra y quienes deciden si van a optar por la abstinencia o no. Esto implica que si queremos influir en esta importante decisión, debemos comenzar desde temprano. Es importante que definamos cuál es nuestra línea de conducta, la apliquemos y se la enseñemos. Será más probable que más adelante nuestros hijos no traicionen sus principios cuando se vean inmersos en situaciones relacionadas con el sexo si tienen la costumbre de tomar decisiones basadas en la moral que se les inculcó.

Además, a los adolescentes les resulta más fácil tomar estas decisiones si se comunican bien con los demás y se sienten seguros. Los padres debemos ayudarlos a cultivar esta práctica para que puedan tomar decisiones responsables que les permitan seguir siendo sexualmente sanos. Si se crían en un ambiente en el que se los escucha y se los respeta como individuos, es más probable que demanden de los demás este mismo respeto cuando establezcan otros vínculos. Reforzar la autoestima de nuestros hijos, de todas las maneras posibles, los ayudará a tener más fuerza interior para aferrarse a sus principios y optar por la abstinencia si consideran que es la alternativa más conveniente para ellos. Es fundamental que puedan crecer como individuos y que los padres les enseñen que no está mal que sean distintos de sus pares.

Si el cúmulo de información previa que manejan los chicos es mayor, mayor será también su capacidad para tomar decisiones acertadas ante situaciones complejas. Si los padres desean que sus hijos opten por la abstinencia, los deben guiar y enseñarles cómo deben controlarse, cómo evitar situaciones potencialmente peligrosas o incómodas, qué otras opciones pueden barajar para no tener relaciones, a quién recurrir si necesitan ayuda. Deben brindarles la estabilidad de un hogar en el que los hijos den fácilmente con las respuestas a sus preguntas. Si esto no fuera posible porque su estilo parental no se lo permite, ofrezca otros recursos: bibliografía, mentores, parientes, grupos religiosos o barriales, por ejemplo, siempre y cuando los valores que manejen coincidan con los suyos.

Es importante que los padres sepan que muchos jóvenes confunden o equiparan el debut sexual con la madurez. A veces intentan probar que son maduros por medio del sexo, antes de haber adquirido el nivel emocional adulto que se requiere para tener relaciones. Por lo tanto, además de los factores físicos que operan en contra del debut prematuro (el embarazo, la responsabilidad de ser padre o madre, las ETS), se debe poner el acento en las graves consecuencias emocionales. Les podemos explicar que el impulso sexual es muy intenso cuando las hormonas se alborotan en el cuerpo, pero antes de ceder a él deben asumir un compromiso emocional igualmente intenso. Esto requiere tiempo, para entablar una amistad basada en la comunicación, en valores y objetivos compartidos, etc. Sin un compromiso afectivo mutuo y un gran sentido de la comprensión entre ambos miembros de la pareja que desea tener relaciones, la probabilidad de que uno o ambos sufran es muy alta.

Si bien es cierto que la comunicación franca entre padres e hijos constituye el abordaje más conveniente para resolver los temas relacionados con el sexo, todos sabemos que los adolescentes son renuentes a compartir con los padres los asuntos relacionados con su vida sexual. Es normal, y es parte del proceso de disociación que comienza cuando los jóvenes crecen; es importante respetarles la necesidad de preservar su privacidad. Si las charlas no son posibles a esta edad, los padres deben brindarles información sobre la abstinencia y sobre cómo mantener esa posición si es lo que desean. Una vez más, los libros, los adultos respetados y los médicos y otros profesionales de la salud pueden colaborar.

Puntos clave en las charlas con preadolescentes, sobre la abstinencia

- La abstinencia implica no realizar ninguna actividad sexual que pueda desembocar en el embarazo o en una ETS.
- Los niños y preadolescentes no están preparados para tener relaciones sexuales.
- Si bien muchos adolescentes son sexualmente activos, no suelen estar emocionalmente maduros para tener relaciones.
- Los jóvenes serán más sanos y felices si postergan sus relaciones sexuales hasta que son adultos.

- El sistema de valores de la familia desempeña un papel fundamental en la autoestima de los jóvenes y en su capacidad para tomar decisiones acertadas en torno a su sexualidad.

Para muchas familias, la abstinencia es un tema muy delicado. La decisión del joven de optar por la abstinencia o no se basa en valores religiosos y familiares, su autoestima, su capacidad de comunicación y su grado de madurez emocional. Todos estos factores se expresan y concretan en diversas experiencias de vida.

32

LA MASTURBACIÓN Y LA AUTOCOMPLACENCIA

Masturbarse significa tocarse o frotarse los propios órganos sexuales para obtener placer. Como tema, a muchos adultos les incomoda. Como práctica, resulta aún menos aceptable para ellos, en especial si se trata de sus hijos. Por lo general, estos sentimientos estrictos se originan en creencias religiosas. Pero más allá del origen de los juicios en ocasiones negativos que se plantean en torno a la masturbación, es sin duda un tema controvertido, colmado de tabúes y que genera distintas opiniones sobre qué es aceptable y qué no. En este capítulo no pretendemos brindar una interpretación histórica de su origen ni juzgar las opiniones personales al respecto; lo que queremos es presentar los hechos y dejar que los padres decidan cómo abordar el tema con sus hijos.

Se ha descubierto que el feto masculino tiene erecciones en el útero materno. También se puede advertir que en ocasiones el bebé tiene una erección cuando le cambian el pañal. En un principio, conforme el bebé va descubriendo su cuerpo, se toca los genitales con los dedos del mismo modo que se toca la oreja o el codo. Luego de haberse tocado varias veces, descubre la sensación placentera que le produce. A los tres años, se toca los genitales abiertamente a medida que comienza a explorar el mundo y a sí mismo como parte del mundo. Cuando se les está enseñando el control de esfínteres, se pueden llegar a tocar al sacárseles el pañal ya que tienen una sensación agradable en tanto el pene deja de estar aprisionado. No es de sorprender que muchos varoncitos de tres años tengan siempre las manos en los pantalones cuando descubren esta parte fascinante de su cuerpo. A esa edad, se pueden masturbar libremente varias veces por día, aunque también puede suceder que no lo hagan nunca.

Los genitales de las nenas están más ocultos que los de los varones y no son tan prominentes. Sin embargo, las niñas se descubren el clítoris y también descubren que frotárselo les causa placer. Pueden llegar a tocarse los pezones para sentirse más tranquilas y conciliar el sueño. Es muy común que las nenas y los varones se toquen los genitales a modo de juego cuando se bañan, cuando están cansados o aburridos o mientras leen o viajan en auto durante un cierto tiempo. Si descubre que su hijo o hija se está masturbando, la actitud que usted proyecte en ese momento determinará las impresiones que él o ella tendrá de su cuerpo, a largo plazo.

Como padres, debemos brindar una guía y no condenar. Hemos de explicarles a nuestros hijos que masturbarse en un lugar público no es apropiado y al mismo tiempo dejarles en claro que su cuerpo es bueno, que causa placer y que es privado. Debemos estar preparados para cuando se presente la necesidad de contarles lo que queremos que sepan acerca de la masturbación.

A medida que van creciendo y se convierten en adolescentes y jóvenes, comienzan a tener experiencias en torno a otros aspectos del placer sexual, como besarse, abrazarse, tocarse. Estas maneras de compartir el placer con otros constituyen una parte integral de la sexualidad sana. Otros temas delicados que pueden surgir cuando nuestros hijos son adolescentes son las alternativas posibles para reemplazar el acto sexual de manera de evitar el embarazo y las enfermedades de transmisión sexual. De más está decir que los niños menores de doce o trece años no están listos evolutivamente para conocer los detalles de este tema pero aun así, como padres, debemos aprender o recordarnos que ser sexual con otra persona es algo que va más allá del coito.

Puntos clave sobre la masturbación, que los padres deben considerar

- La masturbación es una manera de expresar la sexualidad.
- Los hechos son claros: masturbarse no causa ningún daño físico ni mental.
- No entre en pánico si se da cuenta de que su hijo se masturba. No olvide que se trata de una forma muy normal de explorar las partes del cuerpo.
- Si entra a la habitación de su hijo o hija cuando se está masturbando, pida disculpas y no invada su privacidad.
- Si su hijo o hija se está masturbando en un lugar socialmente inapropiado, intervenga diciéndole algo así como: *"Sé que es agradable tocarse así el cuerpo, pero este no es un lugar apropiado. Preferiría que fueras al baño o a la privacidad de tu dormitorio"*.
- Si considera que su hijo o hija pasa tanto tiempo masturbándose que eso interfiere con otras actividades propias de su edad, es conveniente que busque apoyo profesional. Hable con el pediatra que atiende a su hijo.
- Los progenitores deben tener bien en claro qué opinan sobre este tema.
- Estimule a sus hijos para que le hablen de la sexualidad. Si esto lo incomoda, busque a algún adulto confiable que lo pueda ayudar.

PARTE SEXTA

SALUD SEXUAL

33

EL BIENESTAR Y LA PREVENCIÓN DE LAS ENFERMEDADES

La mayoría de los padres consideran que la salud es el tema prioritario para sí mismos y para su familia. El bienestar es una condición en la vida del niño que él da por sentada, y nosotros también. Excepto por alguna gripe que puedan tener en la época del jardín y el preescolar, los niños suelen ser bastante sanos. Sin embargo, debemos enseñarles que cuidar el cuerpo es una tarea de toda la vida. La higiene personal ha de comenzar cuando el niño empieza a caminar y aprende a usar el baño y a lavarse las manos. Luego, las niñas aprenden a cuidarse cuando tienen la menstruación y los varones y las chicas toman precauciones para prevenir enfermedades venéreas y proteger su bienestar emocional, tomando decisiones sanas en el campo sexual. Muchas enfermedades, como el cáncer, aunque no son contagiosas y no siempre se conocen a fondo, podrían prevenirse o demorar su evolución si se adquirieran ciertos hábitos sanos, que propiciará el bienestar y la longevidad.

El bienestar y el preescolar

Cuando los chicos crecen y comprenden el concepto general de la higiene, pueden comprender también que los gérmenes transmiten enfermedades. Dado que estos viven en los fluidos del cuerpo, como la saliva, compartir el cepillo de dientes y los cubiertos puede contagiar gérmenesy causar enfermedades. Los niños también comprenden que el cuerpo incorpora gran parte de los alimentos que ellos le proveen, y lo que no necesita, lo elimina a través de la orina y la materia fecal. Son funciones orgánicas normales y esenciales.

Cuidar el cuerpo también implica que todas sus partes estén limpias. Cuando se les enseña a los preescolares el control de esfínteres, deben aprender a limpiarse adecuadamente. Los padres pueden decirles: *"Cuando hagas pis, límpiate bien la vulva. Si vas a hacer popó, toma más papel higiénico y límpiate la cola de abajo hacia arriba"*. Limpiarse de este modo impide que los gérmenes que por lo general residen en la materia fecal se contagien del ano a la zona de la vulva. Los varones no tienen este problema. Al igual que todos los hábitos para la salud, la higiene adecuada requiere práctica, y es conveniente recordarles a los chicos lo que tienen que hacer y alabarlos si lo intentan.

Otra medida básica sobre la que nunca está de más insistir es lavarse las manos. Algo tan simple como usar agua y jabón después de ir al baño, antes de cocinar, antes de comer y cuando se tienen enfermedades graves (por ej., problemas respiratorios) ayuda a evitar el contagio de gérmenes.

Los niños también deben tomar precauciones en lo que respecta a las lastimaduras y heridas de las que sale sangre. Deben saber que no deben tocar la sangre de nadie porque pueden contagiarse gérmenes y enfermarse. Lo que tienen que hacer es avisarle de inmediato a la maestra, a la madre o al padre, o a algún adulto en quien puedan confiar.

El bienestar y el preadolescente

Como padres, debemos promover la salud sexual de nuestros hijos fomentándoles el orgullo por su propia higiene y salud general. Los preadolescentes muestran interés por el cuerpo y sus funciones naturales. De los ocho a los doce años, a la mayoría de los niños es preciso recordarles que se laven los dientes, se duchen a diario y se pongan desodorante. Es importante que toda la familia vaya al dentista y al médico periódicamente. A medida que los hijos aprenden a asumir responsabilidades con respecto a las horas de sueño y al ejercicio físico, se establecen hábitos sanos para su adultez.

Los accidentes de automóvil, las lesiones al practicar deportes y las caídas revisten gran importancia por el peligro que encierran. Da la sensación de que los chicos de estas edades no se cansaran nunca. Recuérdeles con frecuencia que tengan cuidado cuando juegan y no los deje realizar actividades riesgosas. Aunque no quieran, cuando practican deportes tienen que usar protectores y también deben usar el cinturón de seguridad si van en el auto. El niño suele acusar a los padres de ser sobreprotectores, pero le gusta saber que se preocupan por él.

Los padres pueden servir de modelo para la conducta de los hijos, mostrándoles la importancia de cuidar el cuerpo y fomentando en ellos hábitos de salud básicos, como estos:

- Alimentarse correctamente. Bríndeles una variedad de opciones nutritivas. La clave está en una dieta balanceada y regular en la que estén presentes todos los tipos de alimentos, cada uno en medida moderada.
- Ofrecer oportunidades para practicar ejercicios físicos con regularidad como una manera de darle fuerza al cuerpo y mantener la salud cardiovascular. Además, los ejercicios físicos son una oportunidad fantástica para pasar el tiempo en familia.
- Lavarse las manos con regularidad elimina muchos gérmenes, como los que causan resfríos. Es conveniente lavarse las manos antes de comer, después de ir al baño y después de jugar fuera de la casa.
- Fomentar que sus hijos le hablen si algo los preocupa con respecto a su cuerpo.

- Ir al dentista y al médico con regularidad para dar el ejemplo sobre la importancia de adoptar sanas medidas preventivas.
- Fomentar los hábitos de la buena salud en los niños a través de la educación, el ejemplo y el estímulo.

Nuestro objetivo como padres es enseñarles a nuestros hijos que la salud depende, en gran medida, de opciones sobre las cuales ellos tienen control. Desde pequeños, deben asumir la responsabilidad que les cabe en cuanto a su alimentación, el descanso y los hábitos relativos a la higiene. A medida que van creciendo, adquieren mayores compromisos. La higiene vinculada con la menstruación, los autoexámenes de los pechos y de los testículos, y la prevención de las ETS contribuyen a la salud física y promueven opciones adecuadas sobre la forma en que los jóvenes viven su sexualidad. Debemos ayudar a nuestros hijos: a ayudarse a sí mismos para llegar a ser adultos sanos y responsables.

34

ANTICONCEPCIÓN Y ABORTO

Hoy en día, los padres deben tratar una multiplicidad de temas complejos relativos a la sexualidad de sus hijos, como la anticoncepción y el aborto. La edad en la que conviene hablar al respecto con ellos varía de acuerdo con su desarrollo evolutivo y mental, además del grado de comodidad de los padres con el tema y de la disposición que tengan a abordarlo. Para muchos de ellos, los valores religiosos, la ética e incluso la política afectan la posición que, según consideran, deben adoptar en torno a detener o interrumpir el embarazo. En primer lugar, los padres deben definir cuál es su postura y luego estar dispuestos a presentársela a su hijo y sustentarla cuando él comience a recibir información al respecto.

La anticoncepción

En las charlas sobre la pubertad con los niños de ocho a doce años, no es tan difícil sacar el tema de la anticoncepción. Para ellos, la idea de que los padres puedan tener relaciones sexuales por otro motivo que no sea las ganas de tener un bebé es desagradable, alarmante e improbable. Consideremos el siguiente ejemplo:

> *"Una vez, mi hijo de nueve años halló un condón sin usar en nuestro baño. Cuando yo lo encontré, él lo había abierto y lo había tirado. Le pregunté qué había pasado y admitió que tenía curiosidad. Le expliqué que el papá y yo lo usábamos durante el acto sexual de modo de evitar*

que yo quedara embarazada." El se sorprendió y dijo: *"Pero, por lo que ustedes me dijeron yo creía que no iban a tener más bebés."* Le contesté que tenía razón, pero que aun así manteníamos relaciones para demostrarnos que nos queríamos. Me dijo: *"¿Entonces tú y papi lo siguen haciendo?"* Me costó mucho evitar que mi reacción no se reflejara en la expresión de mi rostro.

Como ilustra esta situación, este niño necesita saber por qué, si los padres "lo siguen haciendo" con mayor frecuencia de lo que él cree, la madre no queda embarazada en cada oportunidad.

A continuación, se detallan explicaciones simples que usted puede utilizar cuando trate el tema de la anticoncepción con su hijo o hija.

- La anticoncepción consiste en evitar el embarazo cuando se mantienen relaciones sexuales.
- Los adultos que tienen relaciones sexuales no siempre quieren tener un bebé, en cuyo caso toman medidas para que la mujer no quede embarazada. A esto se lo llama "anticoncepción" o "control de la natalidad".
- Hay distintos tipos de anticoncepción. (Los padres pueden hablar aquí de el o los métodos con los que se sienten más cómodos, ya sea el de los días, los profilácticos, la píldora, etc. A esta edad no es necesario brindar una explicación extensa.)

Los padres no deben olvidar que su vida sexual es privada y que es importante que se respeten los límites que la resguardan. No es apropiado que compartan con los hijos detalles sobre su vida sexual. Es posible responder con sinceridad a las preguntas que les plantean sin por ello renunciar a su privacidad.

El aborto

No es muy probable que los temas de la anticoncepción y el aborto surjan antes de que los chicos comiencen la escolaridad, pero los padres deben estar preparados y tener listas algunas explicaciones simples y claras. De los diez a los doce, escuchan a menudo estos términos por TV o en la escuela. Por lo tanto, si no se habla de esto en el hogar, van a creer lo que quieran, al margen de nuestra postura. Si esto ocurriera, los valores familiares quedarían a merced de los valores de otros. Hablar de estos temas no significa adoptar una actitud a favor ni en contra; sólo implica que usted desea brindarles información precisa y que al mismo tiempo desea definir cuál es su posición dentro de su sistema de valores. Cuando hable sobre el aborto con sus hijos preadolescentes, podrá utilizar alguna de las afirmaciones simples que se enumeran a continuación.

- A veces, la mujer que queda embarazada decide no tener el bebé y poner final al embarazo, es decir, tiene un aborto.
- Los abortos se realizan en una clínica, en un consultorio médico o en un hospital. Los hacen los médicos u otros profesionales de la salud.
- Si una mujer que está embarazada decide tener el bebé, pero no está lista para ser mamá, puede darlo en adopción.
- En algunos países, el aborto es legal y se lo realiza sin problemas.

Los padres deben referirse asimismo a sus propios valores y creencias sobre el aborto.

Anticoncepción y aborto constituyen temas muy controvertidos, y para muchos adultos encierran una carga emocional. Es importante que los progenitores les adelanten a sus hijos que cuando crezcan van a tener una opinión formada y van a adoptar sus propios valores con respecto a estos temas, del mismo modo que respecto de todos los demás. Además, siendo más grandes podrán asimilar información más detallada, lo cual los ayudará a tomar decisiones más responsables. Al mismo tiempo, los padres deben recordarles a los hijos que el acto sexual es una conducta propia de la adultez. Para entablar un vínculo amoroso adulto se requiere tiempo, madurez y compromiso con uno mismo y con la otra persona en el marco de una relación.

35

HIV, SIDA Y ETS

Hablar del Sida y las ETS con nuestros hijos es tan intimidatorio como hablar de la procreación. Lamentablemente, los niños escuchan referencias a estas enfermedades a través de diversos medios, como la TV, la escuela y las charlas de los adultos. Desde el punto de vista del niño, la información que recibe al respecto es escasa, confusa y atemorizante. Sólo está seguro de que se trata de enfermedades graves. Tal vez tenga miedo de preguntarles a los padres al respecto; eso dependerá de cuál sea la información que se le brindó fuera de la casa. Si le pregunta, usted debe estar preparado para contestarle. No será necesario contar con un gran cúmulo de información. (Sería imposible para los padres estar actualizados con los últimos avances.) Por suerte, un niño no necesita mucha información sobre el tema, de modo que este curso breve le será de gran ayuda.

SIDA significa *síndrome de inmunodeficiencia adquirida*. HIV es el virus responsable, que se llama *virus de inmunodeficiencia del humano*. El Sida es la última etapa de esta enfermedad, que es terminal. Quienes están infectados tienen el virus, pero este puede estar latente. Puede pasar mucho tiempo, incluso diez años, desde que se detecta el virus en una persona hasta que aparece la enfermedad. Una pequeña proporción de los infectados parecen resistir la infección por completo. El virus ataca la capacidad del individuo para combatir la infección. Por eso, los gérmenes que normalmente son controlados por las defensas del cuerpo comienzan a crecer con libertad. Estos gérmenes invaden los órganos vitales, como los pulmones, el hígado y el cerebro, y causan un daño que conduce a un colapso en la capacidad del organismo para funcionar y sobrevivir.

El Sida se puede contagiar de las siguientes maneras:

- Estando expuesto a los fluidos de una persona infectada, como el semen, las secreciones vaginales, la sangre, la leche materna o cualquier otro fluido que contenga sangre.
- Usando agujas para inyecciones endovenosas que hayan sido utilizadas previamente por una persona infectada.
- Teniendo una madre con HIV.
- Recurriendo a los productos de los bancos de sangre (aunque en este caso el riesgo es muy pequeño).
- Manteniendo relaciones sexuales sin protección con una persona infectada.

En la actualidad el Sida no tiene cura. Si bien muchos centros de investigación están trabajando para encontrarla y poder así detener la epidemia, la prevención constituye la única estrategia efectiva. Nuevos medicamentos se prueban a diario y distintos planes educativos enseñan cómo evitar el contagio, en especial en las poblaciones de alto riesgo.

El papel de los padres reside en brindar a sus hijos cuando estos les formulan preguntas, información adecuada a su edad. En el caso de los niños de cinco a nueve años, los padres no deben hablar de sexo explícito con ellos al darles información sobre el Sida. Más allá de la edad que tengan, puede agregarse otra información a la que se brinda en la presente obra o bien omitir la que se considere innecesaria según los propios valores y principios morales. Usted es el educador principal de su hijo, así que filtre la información que no juzgue pertinente y añada lo que desee para sentirse cómodo.

Cómo responder preguntas difíciles

A continuación, transcribimos una conversación posible entre una madre y su hijo varón, sobre el Sida. Los padres podrán hacer las modificaciones necesarias según el nivel de desarrollo de su hijo.

Hijo: —*¿Qué es el HIV?*

Madre: —*¿Escuchaste hablar de eso? ¿En la escuela?*

No deje de preguntar, sin mostrarse acusador o alarmado, dónde y cómo surgió el tema. Preste atención al lenguaje de su propio cuerpo; alzar las cejas es un signo de alarma. Continúe:

Madre: —*HIV significa 'virus de inmunodeficiencia del humano'; es un virus que causa una enfermedad grave. ¿Recuerdas cuando Jamie tuvo viruela el año pasado? Bueno, el virus de la viruela es diferente de este.*

Prosiga de acuerdo con la reacción de su hijo. Si él se fue de la habitación, dé por terminada la charla. Si sigue sentado a su lado, puede continuar.

Hijo: —*¿Nos podemos contagiar nosotros?*

Madre: —*Bueno, el virus HIV se contagia de una persona a otra durante el acto sexual. Si uno mantiene relaciones con una persona que tiene el virus en su cuerpo, se puede contagiar. Otra manera es usar agujas que hayan sido utilizadas por alguien que tiene el virus, por eso los médicos siempre cambian las jeringas cuando nos dan una inyección. Si una madre tiene el virus, puede contagiar al bebé. Cuando tú naciste, yo no tenía el virus, y ahora tampoco lo tengo. Tú no te contagiaste. Por suerte, no tenemos que preocuparnos, ya que no tenemos el virus en el cuerpo.*

Hijo: —*¿Qué es el Sida?*

Madre: —*¿Dónde escuchaste hablar del Sida?*

Hijo: —*En la tele. Había una persona que se estaba muriendo. ¿Nosotros nos vamos a contagiar?*

Madre: —*No, nosotros no nos vamos a contagiar el Sida. Por suerte, es difícil contagiarse. No es como cuando te pescas un resfrío o te contagias de viruela.*

Para los niños de cinco a siete años, esto es suficiente. A chicos más grandes, de ocho a doce, es necesario brindarles más información y ofrecerles explicaciones más extensas.

Madre: —*Sida significa síndrome de inmunodeficiencia adquirida. Es un nombre difícil, usado por los médicos para hablar de una persona que se contagia con HIV y luego se enferma. HIV es el nombre del virus que causa el Sida.*

Hijo: —*¿Cómo se contagia el Sida?*

Madre: —*Se contagia manteniendo relaciones sexuales con alguien que tenga el virus (o el germen) o compartiendo agujas de inyecciones endovenosas. Además, las madres que tienen el virus se lo contagian al bebé cuando quedan embarazadas.*

Hijo: —*¿Por qué las personas que saben que están enfermas tienen sexo o tienen bebés si saben que pueden contagiar a alguien?*

Madre: —*Por lo general, las personas con Sida no parecen enfermas ni se sienten mal. En algunos casos, ni siquiera saben que tienen el virus, por lo cual no toman las precauciones para evitar contagiar a otras personas.*

Hijo: —*¿Qué es un virus?*

Madre: —*¿Recuerdas cuando hablamos de que hay que lavarse las manos con frecuencia, y taparse la nariz y la boca cuando estornudamos? Un virus es un germen que nos puede enfermar, como cuando tenemos viruela, gripe, dolor de estómago. La mayoría de las veces, el cuerpo combate los virus y en unos días nos recuperamos. El virus HIV ataca la* *capacidad del cuerpo de combatir otros gérmenes. A las personas que se contagian les cuesta mucho recuperarse cuando se enferman. El cuerpo no les funciona bien.*

Es importante insistirle a su hijo que no se puede contagiar el virus por un abrazo, o si toca a alguien infectado o está cerca de él. Una vez más, si su hijo sigue prestando atención durante la charla, y si es necesario, puede continuar. Si en cambio a usted le da la sensación de que lo fructífero de la charla ya pasó, pídale a su hijo que le resuma lo que sabe ahora del tema. Nunca cierre la puerta a futuras conversaciones; estimule al niño para que recurra a usted cuando lo necesite.

Enfermedades de transmisión sexual (ETS)

Al hablar del Sida, recuerde que hay otras enfermedades que se transmiten por vía sexual. (Subraye la idea de que el acto sexual es una actividad adulta.) Gonorrea, sífilis, clamidia, verrugas genitales, herpes, son algunas de ellas. Si bien los niños deben saber que asumir responsabilidades por la salud del cuerpo es parte de la vida adulta, no es necesario sobrecargarlos con los nombres de todas las enfermedades que acechan en el mundo y con sus manifestaciones. La sexualidad es una parte hermosa de la vida adulta, pero al igual que la mayoría de los demás aspectos de la vida, nuestro comportamiento trae consecuencias. Los chicos deben comprender que el riesgo que encierran las ETS debe considerarse del mismo modo que otras acciones adultas riesgosas para la salud.

A medida que sus hijos se convierten en adolescentes, es importante que tomen conciencia de la información adicional disponible sobre el tema. También pueden recabar información en la escuela, en el consultorio del médico o en hospitales y bibliotecas.

Puntos clave para padres, para hablar de HIV, SIDA y ETS

- Más que nada, los chicos necesitan que un adulto, que puede ser el padre o la madre, esté dispuesto a escucharlos y a contestar sus preguntas. La mayoría de las preguntas reflejan una preocupación subyacente por saber cómo puede afectarlos el Sida a ellos o a sus seres queridos, por ejemplo sus padres.
- El lenguaje del cuerpo y las expresiones del rostro transmiten más información sobre las propias actitudes y valores, que las palabras.
- Usted debe descubrir de dónde sacó su hijo la información que posee. ¿Cómo surgió el tema? (¿Escuchó algo al respecto en la escuela? ¿En la televisión?)
- Es importante que usted corrija cualquier concepto erróneo que él pueda tener o que usted le haya brindado con anterioridad.
- No es necesario que responda a todas sus preguntas de inmediato. Si la pregunta es complicada y usted no está seguro de la respuesta, dígale que lo va a averiguar y contéstele luego. Procure contestarle lo antes posible.
- También es importante que luego de la charla los chicos se queden con la sensación de que los adultos están trabajando mucho para encontrar la cura a estas enfermedades. Son problemas del mundo de los adultos, y a partir de la educación que les impartimos, nuestros chicos deben tener una mirada optimista ante el futuro.

36

EL ABUSO SEXUAL Y SU PREVENCIÓN

Por incómodos que el tema los pueda hacer sentir, es importante que los padres hablen en casa del abuso sexual y el modo de prevenirlo. Brindar información a los niños sobre lo que puede sucederles pero sin generar en ellos temores o angustia innecesarios es uno de los equilibrios más difíciles y delicados para los padres. Que los chicos estén seguros y sanos dependerá del éxito que logren en esa tarea.

Quienes respetan su cuerpo sanamente tienen menos probabilidades de ser atacados. Este respeto se puede lograr reforzando la idea de que el cuerpo es algo propio, noción que se les comienza a transmitir a los niños cuando tienen tres o cuatro años. Antes de los cinco, deben comprender qué significa la privacidad personal.

Deben saber que el lugar para hablar del abuso sexual y otros temas privados es el hogar y que las personas con quienes deben hablarlo son los padres. Hacer extensivos estos temas a otras personas no es aconsejable. Repase con sus hijos las diferencias entre el secreto y la privacidad, detalladas en la Clave 2 y recuérdeles que los padres de sus amigos también querrán conversar en privado con sus hijos sin que intervengan otros.

Para comenzar a hablar del abuso sexual puede aprovecharse el momento del baño. A fin de mitigar la carga que conlleva el tema, haga comentarios sobre lo bien que está creciendo su hijo y lo sano que está. Hasta no hace mucho tiempo, para definir la conducta abusiva los padres marcaban la diferencia entre las caricias "buenas" y "malas". Ahora hay un consenso generalizado según el cual catalogar las caricias de esa manera puede resultar confuso a largo plazo. Por ejemplo, si tocarle los pechos a su hija es una caricia "mala", esta noción perdurará hasta la adultez y en ese momento tendrá repercusiones indeseables. Incorpore las siguientes afirmaciones a la conversación con su hijo o hija :

- ¡Eh, mira qué limpio estás, qué cuerpo sano tienes!
- No olvides que tu cuerpo es privado y que nadie debe pedirte tocar o ver tus partes privadas.
- Para nosotros, que somos tus papás, está bien que te ayudemos a lavarte y te miremos para verificar si te lastimaste.
- Tus partes privadas son el pene, los testículos y la cola. Son las partes que tapa tu traje de baño.
- Tus partes privadas son la vagina, el clítoris, la cola y los pechos. Son las partes que tapa tu traje de baño.

Los niños pueden sentirse bien con respecto a su cuerpo si los padres también respetan los límites. Por ejemplo, no les insista para que demuestren su cariño dándole un beso a una tía sólo porque usted lo desea, o para que lo abracen si se muestran reticentes. El control que ejerce en esas situaciones les transmitirá un mensaje contradictorio. Por un lado, les pide que no permitan a otras personas que toquen su cuerpo, y por otro lado les pide que den muestras de afecto a otras personas. Dé un paso atrás. Aprenderán a dar y recibir afecto cuando sientan ganas de hacerlo, según lo que crean apropiado.

Hay ocasiones en las que un adulto, un médico por ejemplo, tendrá que tocar las partes privadas del cuerpo de su hijo, por razones de salud. Si tiene una cita con el médico y le anticipa a su hijo o hija que deberá hacerle una revisación, presente la siguiente explicación:

Luisito, sabes que nadie debe tocar tus partes privadas de una manera que te haga sentir mal, ¿verdad? Hoy va a pasar algo distinto, y está bien. El médico/ la enfermera tiene que ver tus genitales (o tus partes privadas) para que estemos seguros de que estás sano (o de que todo es normal). Yo estaré a tu lado.

Siéntase con la libertad para modificar esta explicación; omita o agregue lo que considere necesario, según la comprensión y el temperamento de su hijo, y el grado de confianza que exista entre ambos.

No; Me voy; Cuento

Si el bienestar sexual de su hijo le preocupa, luego de repasar con él o ella los lineamientos básicos que definen la privacidad, simplemente agregue: "*¿Alguien te tocó las partes privadas del cuerpo de un modo que no te gustó?*"

Si le contesta que sí, trate de no perder la calma y pídale que le cuente todo lo ocurrido. Verifique que comprende el relato, y que no interpreta mal lo que escucha debido a la angustia que todo esto le genera. Si no sabe si la historia es verídica, haga algunas otras preguntas y controle sus sentimientos. No culpe a su hijo o hija ni le diga nada que pueda ser interpretado como un reproche. El paso siguiente será buscar ayuda profesional: su médico, el hospital de la zona, o los servicios de protección del menor y la familia.

En la abrumadora mayoría de los casos de abuso sexual, el perpetrador es alguien que la víctima conoce: puede ser alguien del ámbito familiar, una niñera, un padrastro o madrastra, algún vecino, etc. Por eso, es importante que los padres les enseñen a los hijos, sin atemorizarlos, cuáles son las medidas preventivas para garantizar su seguridad.

Con tal propósito, recurra a una fórmula simple: Su hijo

debe saber que si alguien lo toca y no le gusta, debe decir "No". Luego, debe decir "Me voy", lo que significa que se debe escapar del perpetrador, y por último debe decir "Cuento". Hay que estimularlos para que cuenten lo sucedido (si han estado envueltos en circunstancias en las que pudo haber abuso sexual o de hecho ha ocurrido) a los padres o a algún adulto responsable.

"No; Me voy; Cuento": Hasta los niños pequeños pueden comprender este concepto. Además, prepare al chico para defenderse jugando al Qué pasaría. Por ejemplo, pregúntele: ¿Qué pasaría si alguien en la escuela te dice que quiere ver tu ropa interior o te pide que le des un beso o un abrazo? ¿Qué harías? Al preparar a los chicos con anticipación, se sentirán más confiados como para poner en práctica el No; Me voy; Cuento si se presenta la situación.

Cuando hable con su hijo, deje bien en claro que si alguien lo toca de manera inapropiada, la culpa nunca será de él sino del otro, que está procediendo de manera equivocada y no se ha ajustado a las reglas al invadir el cuerpo y la privacidad de un niño. No deje de aclararle que la mayoría de los adultos son buenos y se preocupan por los demás, por lo que nunca le harían daño. De este modo, disipará los temores que le puedan surgir ante otras personas mayores.

Los adultos que cometen abuso sexual con niños suelen decirle a su víctima que no debe comentárselo a nadie. Para un niño es tentador tener un secreto con una persona más grande, en especial si este ya tenía una relación con el niño desde antes. Los padres deben conocer a los amigos de sus hijos y realizar todos los esfuerzos necesarios para dar lugar a la comunicación franca. Los secretos sobre el abuso sexual son perjudiciales, pues permiten que el abuso continúe y que no se afronten sus consecuencias.

Conforme el niño va creciendo, puede alertarlo en cuanto a ciertas conductas específicas que indican que está presente el peligro del abuso. Entre estos indicios, encontramos los siguientes, adaptados del libro *When Sex is the Subject* (*Cuando el tema es el sexo*) de Pamela Wilson.

- Alguien te quiere tocar o ver el cuerpo sin una buena razón.
- Una persona más grande o más fuerte (niño o adulto) intenta obligarte a que hagas algo que no quieres hacer.
- Te sientes incómodo/a o raro/a en una situación determinada. Confía en tus instintos y no sigas. Cuéntale lo sucedido a tus padres o a un adulto confiable.
- Una persona te pide que no cuentes nada sobre algo que pasó entre tú y ella.
- Le haces algo a alguien, o te lo hacen a ti, y luego te sientes mal.

Si los padres sospechan que su hijo o hija tuvo una experiencia en este sentido, deben buscar ayuda: hablar con su médico, un profesional que se especialice en el tema o algún servicio específico de ayuda de la comunidad. Puede ser necesario pedir asesoramiento psicológico y otros diagnósticos.

No todos los niños que sufrieron ataques sexuales presentan signos de lo sucedido. Los niños manifiestan sus temores ocultos a través de los cambios en su conducta. Si bien no hay un único indicio que nos advierta que nuestro hijo o hija fue víctima de un abuso sexual, a continuación se enumeran algunos:

- Conducta sexual repetitiva o compulsiva (por ej., masturbación excesiva), que preocupa tanto a su hijo que no desea participar de otras actividades.
- Un cambio en el estado de ánimo normal, (por ej., es un chico que juega normalmente pero de pronto comienza a guardar secretos y a mostrarse irascible).

- Conducta sexual inapropiada para la edad y las normas de la sociedad.
- Cambio abrupto en su conducta social normal (por ej., retraimiento y separación de su familia y/o sus amigos.

El abuso sexual puede causar un impacto duradero en la salud sexual del niño. Por angustiante que resulte el hecho para los padres, es más angustiante aún para los hijos. Es fundamental que los padres eduquen para prevenir, propicien la comunicación con el niño para enterarse de los hechos significativos que puedan suceder, estén alerta a los indicios, refuercen la idea de que el niño no tiene la culpa y busquen ayuda en el caso de que en efecto alguien haya abusado sexualmente de él.

PARTE SEPTIMA

SOCIEDAD Y CULTURA

37

EL GÉNERO Y LOS ROLES

La sexualidad se basa en el género: los roles que hombres y mujeres adoptan y las normas que la sociedad nos enseña en cuanto a qué está permitido y qué no en ese juego de roles. Es importante controlar con mucho cuidado que el género de su hijo, así como los roles concebidos para dicho género por la sociedad, no limiten sus potencialidades. Por ejemplo, se piensa que los varones deben ser ambiciosos y seguros de sí mismos, y que las nenas deben ser respetuosas y serviciales. Estas expectativas pueden tener repercusiones perjudiciales en la realidad actual. Sabemos que la seguridad en uno mismo es un requisito para tener éxito. Las nenas, en especial, enfrentarán en la adultez el desafío de los roles combinados de la maternidad y la profesión, y deben aprender a sentirse seguras de sí mismas para competir con los hombres y con las demás mujeres en la lucha por conseguir trabajo, avanzar profesionalmente y cuidar a su familia. Otro problema que plantea la sociedad tradicional constituye la definición acotada de algunos trabajos, catalogados como exclusivamente masculinos o femeninos.

Al igual que la mayoría de los demás aspectos de la crianza, el esfuerzo por ayudar a los niños a potenciar su capacidad para crecer y expresarse comienza en el hogar con los padres. A continuación se detallan algunos conceptos que ayudarán a los padres a tratar más equitativamente el tema de los géneros con sus hijos:

- Tanto los varones como las nenas deben ser valorados por igual como seres humanos importantes, porque lo son.

- A los varones y las nenas les gusta a veces hacer las mismas cosas y otras veces hacer cosas diferentes. Cada uno elige hacer lo que le parece divertido e interesante.
- No todas las nenas son iguales, como no todos los varones lo son. A algunas nenas les gusta jugar al fútbol, a algunos varones les gusta jugar a la casita.
- Tanto las madres como los padres tienen capacidad para ser afectuosos.
- Los hombres y las mujeres pueden realizar trabajos similares.

Los roles de género en el hogar

Sin advertirlo, los padres pueden promover estereotipos de género en el hogar. Por ejemplo "se espera" que las nenas sean dulces y agradables, como consecuencia de lo cual se las trata con menos rigor que a los hermanos. Se espera de ellas que usen vestidos y no pantalones. Por otra parte, los varones no deben llorar, pero se les permite jugar de una manera más brusca. Cuando se les compra ropa, lo importante es que les dure. Las madres pueden estar más ansiosas por enseñarles a las hijas a hacer una torta, mientras que los padres arrastran a sus hijos varones a jugar a la pelota. Los respectivos mensajes subliminales están claros, incluso para los chicos, en especial cuando no se les brindan oportunidades para poner en práctica ambos tipos de conducta. Sigue siendo raro que un padre le diga a su hijo de seis años: "*¡Qué dulce eres!*", o a su hija de cuatro años: "*¡Qué fuerte eres!*"

Sin embargo, hay buenas noticias: los roles femeninos y masculinos están comenzando a fusionarse en el hogar moderno, lo cual es motivo para festejar. Los padres están adquiriendo una participación más activa en la crianza. Los nenes que ven a sus padres preparar la cena, lavar la ropa y llevarlos a ellos al colegio crecen asumiendo que las tareas diversas basadas en el género no son tan numerosas. Las nenas que ven a sus madres utilizar una herramienta, verificar si el auto tiene aceite o leer el diario reciben la misma información. En los hogares de padres separados es más difícil encontrar para los hijos modelos de rol del sexo opuesto al del progenitor con el que viven, pero este puede recurrir a la iglesia, a los amigos, a los vecinos y a las organizaciones de la comunidad para procurarse un modelo potencial.

Los padres ayudarán mejor a sus hijos a desarrollar roles sanos si les muestran en el hogar modelos no estereotipados. Es importante brindarles iguales oportunidades para procurarse objetivos que en el pasado se consideraban exclusividad de un solo sexo. Ambos sexos pueden aprender a cocinar, arreglar la bicicleta, darles de comer a los hijos y expresar sus emociones.

Los roles de género y la escuela

Si bien la familia puede realizar grandes esfuerzos por mitigar los estereotipos masculinos y femeninos en el hogar, los padres deben saber que en la escuela bombardean a los niños constantemente con mensajes contradictorios y sutiles sobre los roles de género.

Los chicos pasan la mayor parte del tiempo en la escuela en sus años de formación, y no se puede subestimar la influencia de este medio. Los mensajes sexistas siguen presentes en la clase, y este es un tema que los padres, maestros y educadores deben tratar. Asimismo, los maestros deben saber que la metodología que utilizan puede anular o reforzar las diferencias en este sentido. Por ejemplo, ¿el maestro se dirige a las nenas y a los nenes con la misma frecuencia? ¿Espera menos de las nenas que de los nenes? ¿Les da más oportunidades a los varones para realizar tareas prácticas? Un excelente libro sobre este tema es *Failing at Fairness* (*Cómo lograr ser justo*) de Myra y David Sadker. La manera en que se trata a los varones y a las nenas en la escuela da lugar a debates y seguirá despertando nuestro interés en tanto los padres sigan visitando las clases de sus hijos y participen de su educación formal.

Los roles de género, los medios de comunicación y los juguetes

Los avisos de la TV están plagados de estereotipos de género. Los juguetes para las nenas se promocionan con imágenes de niñas rubias y lindas que juegan en la casa; los destinados a los varones con imágenes de acción, mucho ruido y juego brusco a la intemperie. Los chicos que usan estos juguetes en tales avisos suelen ser más grandes que aquellos para la cual se diseñaron. La muñeca Barbie les enseña a nuestras hijas que ella es el modelo de la belleza femenina perfecta. Las proporciones de su cuerpo no son realistas, su delgadez es artificial. Si los niños ven por televisión a otros niños usando juguetes que se relacionan con el género de una manera que también se relaciona con el género, creerán que deben imitar las propagandas en su propia vida. Un movimiento relativamente nuevo en la programación de televisión muestra a los varoncitos desempeñando roles maternos... pero sólo ocasionalmente. Sin embargo, los avisos de televisión que financian en su mayoría los programas no han cambiado en absoluto. El sexismo al cual están expuestos los niños en la publicidad es flagrante. (Para mayor información sobre la sexualidad y la televisión, ver la Clave 38.)

Claves para ayudar a los padres a evitar las trampas del género

- Los padres pueden mostrar modelos de rol profesional, trabajando en el área de interés de sus hijas. Mensaje:

las profesiones dominadas por los hombres también admiten mujeres.

- Muestre a los varones, modelos de rol masculino en profesiones que se apartan de los estereotipos, como la de los enfermeros o maestros. Señale que los artistas, poetas y escritores de sexo masculino suelen trabajar solos y expresan fuertes emociones a través del arte.
- Es importante estimular a varones y nenas por igual para que participen en actividades que tradicionalmente se consideran propias de los nenes o de las nenas por separado. Sacar la basura, preparar la comida, lavar la ropa, etc., son tareas que no deben restringirse a un sexo en particular.
- Hable con las nenas sobre el equilibrio a lograr entre la maternidad y la profesión. Si usted es una madre que trabaja, muéstreles cómo se maneja con ambas tareas, haga hincapié en las dificultades que se pueden presentar y explique cómo resolvió los problemas.
- Estimule a su hija a expresar claramente su opinión sin pedir disculpas por hacerlo.
- Estimule a su hijo a expresar toda la gama de emociones que pueda sentir y apóyelo cuando lo haga.
- Oficie de modelo, tanto en su rol de mujer como de madre para que sus hijos quieran que los traten bien en sus futuras relaciones. Usted será su mentora más poderosa si espera que ellos la respeten y asuman compromisos, y también si en la relación con su marido los roles se negocian y se intenta buscar un equilibrio con respecto a los mismos dentro de la familia.
- Oficie de modelo, tanto en su rol de hombre como de padre. Muéstreles a sus hijos varones cómo tratar a sus futuras esposas, hable con ellos sobre el casamiento y establezca cómo los debe tratar su futura pareja. Adopte una participación activa en la vida de sus hijos y

propicie la comunicación franca. Usted será su mentor más poderoso.

- Exprese ante sus hijos sus sentimientos con respecto a su propio género. Estar orgulloso de quién es como persona y como padre o madre les brindará un patrón promisorio para su futura identidad.

Los roles de género de nuestra sociedad se redefinen constantemente; tanto los varones como las niñas necesitan ser estimulados a lograr sus objetivos, más allá de cuál sea su género. Las categorías de géneros deben ser flexibles: todos deben tener acceso a los mismos recursos y abrigar las mismas esperanzas para el futuro. Como padres debemos procurar que los niños tengan la oportunidad de maximizar sus potencialidades en la escuela. Es fundamental para su futuro crecer junto a un padre y una madre que, independientemente de su propio género, los cuidan y los nutren por igual.

38

LA SEXUALIDAD Y LOS MEDIOS DE COMUNICACIÓN

En la actualidad, los padres son conscientes de que los medios de comunicación causan un enorme impacto en el desarrollo sexual de los niños. Parece contradictorio que en nuestra sociedad, en la que tantos productos de los medios se presentan con una diversidad de matices sexuales, intentemos enseñarles a nuestros hijos que el sexo es algo privado. Desde el punto de vista del niño, la sociedad no trata el tema con privacidad. Desde las series de TV, los programas de debates, las telenovelas y las propagandas, hasta las películas, los videojuegos, las revistas, la radio, las letras de las canciones e Internet, los medios explotan la sexualidad sin ningún reparo. Estas comunicaciones electrónicas no suelen confirmar los valores y la ética de los padres; empero, el rol de los medios como educadores sexuales activos de nuestros hijos es un hecho innegable.

Entre los diversos medios de comunicación masivos, tal vez la televisión sea el más persuasivo. En casi todos los hogares hay un aparato de TV, y la pantalla ilumina los ojos y la mente de nuestros chicos, y tal vez los induzca a tomar sus decisiones a diario. Si aceptamos que la TV enseña, la pregunta que los padres deben plantearse es: "¿Qué les está enseñando?". La TV puede ser una amiga notable, inteligente y entretenida, o bien una enemiga demasiado violenta y sexualmente explícita, que distorsiona la vida real y parece promover valores discutibles.

En Estados Unidos, se ha estimado que los niños miran en promedio veintiuna horas de TV por semana. Innumerables investigaciones pediátricas han establecido una relación entre la violencia de la TV y la conducta violenta infantil. La tasa de crímenes violentos que se pueden ver por TV es diez veces mayor que en la vida real. Es fácil comprender que la violencia en la pantalla puede promover la conducta agresiva en los niños y restarles sensibilidad ante los actos violentos.

La literatura médica también ha demostrado la relación entre el mal desempeño escolar y la obesidad en aquellos chicos que pasan mucho tiempo frente al televisor.

La TV y la sexualidad

Muchas series populares que se emiten por la TV por cable están plagadas de insinuaciones sexuales, incluso cuando la situación retrata lo que normalmente sería una relación no sexual entre los personajes. Las risas de burla del público presente que se escuchan como fondo, combinadas con las insinuaciones sexuales cómicas de los personajes, sugieren que en cada relación humana hay algo tabú.

Entre los padres y los canales de TV existe una clara dicotomía. Por un lado, el padre y la madre intentan establecer lineamientos sexuales con su propia conducta, mostrando su fuerte compromiso recíproco y su sentido de la responsabilidad para consigo mismos, entre sí y para con los chicos. Por otro lado, la TV les enseña que la sexualidad es algo de lo que podemos burlarnos y que podemos tomar a la ligera. Además, hace demasiado hincapié en el sexo en la vida cotidiana de los adultos. Suele suceder que el claro mensaje sea, que los adultos pensamos en el sexo y la violencia cuando hay encuentros sexuales entre los personajes de TV. Casi nunca se hace mención a decisiones tomadas con responsabilidad o a las consecuencias que aquellas pueden traer aparejadas.

La TV y la realidad

Estar atentos a los tipos de materiales con que se bombardea a los chicos es importante por otros motivos. La percepción de los niños sobre los personajes no es realista porque la versión televisiva de la humanidad carece de correlato con la gente que vive la vida real. Los hombres sobreabundan; los blancos siempre son más que los miembros de otros grupos minoritarios; y los profesionales (abogados, médicos y atletas) cuentan con un *glamour* especial. Los personajes usan ropa de categoría y se maquillan; las arrugas se disimulan con los efectos de la iluminación. Una belleza falsa se escurre por la pantalla. Se presenta un panorama económico irreal acerca de la gente común como si fuera la norma de la sociedad. Las fantasías en torno a la vida romántica reemplazan a la realidad, y no suelen tener cabida relatos simples sobre la lucha de la gente por alcanzar los objetivos comunes de la vida cotidiana. Los chicos quedan encantados con estos cuentos de hadas, que ejercen una gran influencia sobre ellos. Este tipo de programación afecta la manera en que se ven a sí mismos y ven el mundo que los rodea.

Asimismo, los medios echan un manto de romanticismo sobre las relaciones, a tal punto que se desdibuja bruscamente la línea divisoria entre el amor, la atracción sexual, el enamoramiento y la amistad. Los problemas se resuelven en cuestión de minutos, sin dar lugar al debate sobre las consecuencias que traen aparejadas las decisiones irresponsables, los malos entendidos siempre se resuelven con rapidez y ningún personaje se siente mal durante mucho tiempo. Todos los aspectos de la vida tienen fácil solución y, claro está, siempre hay un final feliz. Por lo general no se brindan explicaciones sobre cómo se arribó a una conclusión y se tomaron decisiones.

Las creencias y la moral que recorren la pantalla chica y se infiltran en la mente de nuestros hijos no siempre son éticas. Hay situaciones que los adultos pueden reconocer como fantasías porque tienen la capacidad de discernir entre la ficción y la realidad, pero que confunden a los niños de diez años o menos y plantan las semillas de poderosos sistemas de creencias que pueden perjudicar sus relaciones humanas en el futuro.

Puntos clave sobre la familia que mira TV

- No use la TV para acompañar la cena ni como una suerte de niñera. Los niños que miran TV sin que alguien controle qué miran y qué no, son más propensos a perder la noción de lo que es o no apropiado en las relaciones humanas.
- Si bien los videos son una alternativa, no olvide verificar la clasificación y de qué tratan. Muchos de ellos, incluso las películas de Disney, suelen plantear situaciones dominadas por los hombres y están plagados de estereotipos de género.
- Mire programas educativos junto a sus hijos. Los canales públicos son mejores que los privados y ofrecen una buena programación infantil.
- Dé el ejemplo de lo que es un buen televidente, mediante sus propios hábitos televisivos. Los padres que llegan a la casa y prenden el televisor están reconociendo a viva voz la importancia relativa que tiene para ellos la vida familiar. Su ejemplo siempre será el modelo primario del niño.
- Controle qué ve su hijo y sea crítico y selectivo. Aprenda a evaluar la programación y la publicidad a la que sus hijos están expuestos. Conviértase en un entendido en la materia.
- Apague el televisor cuando no lo esté mirando; no lo deje permanentemente encendido.
- Coméntele a su hijo de qué manera los avisos de jugue-

tes los hacen parecer mejores de lo que son en realidad. Si fuera posible, compre uno y compárelo con lo que dice el aviso.

- Contéstele al televisor, sea un televidente activo. Si sus hijos ven que usted adopta una actitud crítica frente a la pantalla, tal vez aprendan a hacer lo mismo.

- Mire televisión con sus hijos y aproveche las situaciones que se presenten para repasar los valores familiares y hablar de temas escabrosos, como el sexo, el Sida y la conducta falta de ética.

- A los niños más grandes se les puede permitir que decidan cuántas horas diarias van a ver televisión. Según la Academia Norteamericana de Pediatría, el promedio de una a dos horas diarias de programas de buena calidad es una cifra razonable, que se puede ir regulando durante la semana o acumularse para el fin de semana. En el caso de los chicos mayores, deben controlarse por sí solos.

- Si usted ve un programa inapropiado o que no condice con los valores de su familia, comuníqueselo al canal, ya que si este recibe comentarios similares de muchos padres, cambiará la programación.

- Escríbales a los canales para manifestarles su preocupación. Súmese a las organizaciones que luchan por promover una televisión mejor para los niños.

No todos los programas son malos. Hay buenos documentales y programas para la familia que suelen tocar temas delicados, como el embarazo en las adolescentes, el Sida, el divorcio y las relaciones humanas en general. Algunos programas son valiosos simplemente porque entretienen. Pero al igual que con cualquier influencia externa que reciban nuestros hijos, la televisión puede resultar demasiado persuasiva. Controlar la cantidad y la calidad parece ser la clave para que su presencia en la vida de los niños sea útil.

39

SER PADRES: EL DESAFÍO DE LA RESPONSABILIDAD

Ser padres es el trabajo más exigente que la mayoría de los adultos puedan realizar en toda la vida. Sin embargo, en nuestra sociedad los padres son cada vez más jóvenes, y se convierten en tales mucho antes de ser capaces de criar a sus hijos. De más está decir que los niños deben comprender que el sexo, en especial si no se toman los recaudos necesarios, produce el embarazo, que a su vez inaugura la larga tarea de la parentalidad. Tal vez nosotros, los padres, podríamos evitar que se produzcan más embarazos si les enseñáramos a nuestros hijos la diferencia abismal entre criar un bebé y darle de comer a una muñeca. Tal vez la educación sexual debería incluir más material sobre las exigencias de la parentalidad.

A la hora de enseñarles a nuestros hijos en qué consiste ser padres, debería considerárselo similar a escalar una alta cumbre. El viaje es gratificante pero requiere una constante disposición a evitar pasar por las grietas que pueda presentar el terreno. Cada paso que los padres deban dar les exige poner toda su capacidad al servicio de la decisión. Y disfrutaremos de la compañía de otros padres, hijos, maestros y amigos que vayamos encontrando en el viaje y que pueden llegar a alterarlo en gran medida: pueden ayudarnos o representar un obstáculo, eso dependerá del lugar que les otorguemos. Pero la responsabilidad final está a cargo de los padres, que debemos cumplir con el objetivo —llegar a la cumbre— en bien de nuestros jóvenes. Deseamos ayudarlos para que lleguen a ser lo mejor que puedan ser para ellos y para la sociedad. Este es un gran desafío para dos adultos que se preocupan por sus hijos, y lo es más aún para el padre o madre sin pareja, y es casi imposible de lograr para padres y madres adolescentes.

La parentalidad puede parecer un poco solitaria, y de hecho lo es. Hace años, criar a los hijos era una tarea compartida con la ayuda de los integrantes de la familia, que vivían en el piso de arriba, o al lado, o a la vuelta. Pero debido a los cambios que se produjeron en la sociedad, los miembros de la familia se fueron separando hasta llegar a instalarse en sitios muy distanciados entre sí. Por eso, se han dispersado los recursos afectuosos de que antes se disponía para impartirles disciplina y enseñanza a nuestros hijos, adiestrarlos en el control de esfínteres y hablarles de la "cigüeña". Hoy en día los padres deben aprender a desenvolverse sin ayuda. Nuestra sociedad se ha empeñado en compensar este déficit mediante libros que hablan sobre cómo criar a los hijos, líneas telefónicas de ayuda durante las 24 horas y programas de debates por TV que muestran casos estremecedores de relaciones fracasadas entre padres e hijos. La cruda realidad es que, a diferencia de otras profesiones, no hay un curso que pueda tomarse y sobre el cual todos estemos de acuerdo, que nos permitirá aprender a ser buenos padres. Debemos elegir entre los diversos cursos breves disponibles, y esperar tener éxito aunque no consigamos un diploma. Si esto resulta un disparate incluso para adultos maduros, para los niños que juegan a ser padres es imposible.

Cuando los padres crían a sus hijos sienten un gran mérito y en el mejor de los casos, una gran alegría propia de la tarea. Huelga decir que esta exige una enorme cantidad de tiempo y energía física. Además, también deben ser solventes económicamente para alimentar, vestir, proteger y educar a sus hijos, lo cual requiere planificación y una formación adecuada a fin de encontrar el trabajo que se ajuste a dicha necesidad. Por lo general, sólo pasan unos días hasta que los padres primerizos sienten el vaivén entre la tremenda responsabilidad por el bienestar del bebé y la enorme alegría que les produce su presencia. Pero cuando los adolescentes desempeñan el papel de padres, el vaivén se inclina sólo en una dirección, con mayor peso en la responsabilidad. Criar un bebé debe ser la labor feliz de padres maduros que puedan dedicarse a la relación con sus hijos de por vida y obtener de ello una gran satisfacción. Transmitirles este mensaje a nuestros chicos es nuestra obligación.

Los padres y los preescolares

En esta etapa se afianza la autoestima y el sentido de autovalorización. La manera en que los adultos cuidan al niño, lo escuchan, juegan con él es crucial para un desarrollo sexual sano.

En este estadio, los niños también sienten que son el centro del mundo de los padres, y les exigen una gran cantidad de energía.

Si bien los preescolares no llegan a comprender la complejidad que encierra el hecho de ser padres, la mayoría da por sentado que cuando crezcan van a cumplir ese rol. Observan de qué manera se relacionan el papá y la mamá como marido y mujer y de qué manera cuidan a sus hijos. En el juego con otros niños se ve cómo los imitan, cómo teatralizan la conducta que se muestra a su alrededor y que han asimilado.

Mientras tanto, los padres observan, fijan las reglas, controlan, abordan los valores sexuales que quieren transmitirles a los chicos conforme estos se van despojando de sus fantasías infantiles y se dirigen a la realidad de su posible parentalidad. La participación de los padres en esta etapa del niño ejerce sin duda una gran influencia.

Los padres y los preadolescentes

Es posible que cuando los chicos entren en esta etapa, el estilo de padre y madre que antes funcionaba ya no resulte eficaz. Justo cuando usted se relaja, pensando que ya estableció las reglas y que entendió cómo se juega, las cosas cambian. Las necesidades son otras. Los chicos comienzan a ser más independientes pero al mismo tiempo sigue siendo necesario que se los supervise. En esta etapa, hay un breve período en el que se les puede mostrar claramente qué implica formar una familia. Procure encontrar momentos oportunos para enseñárselo.

Los niños deben participar en las tareas de la casa desde pequeños, ya que les otorga un sentido de unidad con la familia, además de una sensación de logro personal. Cuanto más participan, más claro se establece el valor de la vida familiar. Por lo tanto, cuanto mayor sea el niño, más debe participar en las tareas diarias y en los asuntos de la familia. Si comparten con ellos sus responsabilidades cotidianas, los padres les pueden demostrar lo difícil que resulta cumplir con dicho rol y llevar adelante una casa.

Los jóvenes comprenderán, con un poco de ayuda, que ser padres implica asumir un compromiso de por vida que brinda muchas satisfacciones pero también una eterna dedicación. Por ejemplo, los niños que tienen la responsabilidad de cuidar a sus hermanos aprenden de inmediato que no lo pueden hacer bien si hacen otras cosas al mismo tiempo, como mirar TV o hablar por teléfono. Además, los preadolescentes ya son lo suficientemente grandes para saber que la familia toma algunas decisiones basadas en consideraciones financieras, como salir de vacaciones en carpa, que resulta más económico que otras variantes. Señale por qué esto es así. Conforme los chicos crecen, darles una determinada cantidad para comprar ropa es una buena manera de mostrarles que el dinero no es elástico. Tal vez los chicos escuchen que la educación universitaria implica un gran gasto en el que se debe pensar desde que el niño nace. Por ende, por muchas razones, los padres debemos ahorrar en vez de gastar. A veces, incluso tenemos que tener dos empleos para que cierren las cuentas.

Tener una familia es una tarea complicada que requiere mucho trabajo, dinero y un grado de estabilidad emocional que sólo se logra con el tiempo. Coménteles a sus hijos que ser un padre adolescente no es una buena opción. Cuando esto ocurre, la vida del adolescente cambia enormemente: debe interrumpir sus estudios, se limitan sus oportunidades laborales, no tendrá vacaciones en las que pueda descansar del nuevo rol ni la vida social típica de su edad. Cuénteles a sus hijos adolescentes los motivos por los cuales no es conveniente ser un padre adolescente; dígales esto para ayudarlos a que no se decidan por esa opción. Tener un bebé no es fácil, ni siquiera para un adulto estable y que contrajo matrimonio; para un adolescente, la parentalidad trae aparejadas enormes consecuencias.

Puntos clave acerca del hecho de ser padres

- Ser padre o madre implica una responsabilidad y un compromiso muy grandes, que en lo posible deben ser asumidos por dos personas adultas.
- Tener un hijo es una experiencia que dura toda la vida y que puede ser muy reconfortante.
- Hay distintos estilos de parentalidad, ninguno es bueno o malo en sí mismo.
- Examinar cuál es nuestro estilo y cuál el de nuestros padres nos puede ayudar a ser mejores padres para nuestros hijos.
- Los padres necesitan que los parientes y miembros de la comunidad los apoyen.
- Los adolescentes no están preparados para afrontar las responsabilidades emocionales y económicas que implica el hecho de ser padres.

PREGUNTAS Y RESPUESTAS

¿Cómo le explico a mi hijo el significado de otras expresiones para designar las relaciones sexuales cuando usa la palabra "encamarse"?

Siempre es bueno averiguar dónde aprendió el término. Preguntándoselo, usted tendrá tiempo de reponerse. Una respuesta posible sería: "Encamarse quiere decir lo mismo que tener 'relaciones sexuales', pero se usa de manera peyorativa o para lastimar a alguien. No es un término amable; es de mala educación utilizarlo y ubica el acto sexual en un nivel infrahumano, es decir, no se lo asocia con el amor. Por eso, cuando se lo usa para hablar de las personas, no transmite el sentido en su totalidad".

Una parienta está embarazada y es soltera. ¿Cómo se lo explico a mis hijos si me preguntan?

En la TV aparecen situaciones similares a la que usted describe, así que es importante estar preparado para explicar este punto. Podemos responder: *"Si un hombre y una mujer tienen relaciones sexuales, la mujer puede quedar embarazada. Ser padres es una responsabilidad muy grande; es mejor que sean dos adultos responsables los que críen al bebé. Para una madre soltera, criar un bebé es muy difícil"*.

Si lo desea, agregue un comentario sobre sus propios valores:

- Creo que es importante casarse antes de tener un bebé.
- Nosotros pensamos que las relaciones sexuales sólo son para los adultos, no para los adolescentes.

- Queremos que esperen a estar casados para tener relaciones y formar una familia.

¿Qué debo hacer si encuentro revistas pornográficas en la habitación de mi hijo o hija?

En primer lugar, ¿cómo consiguió ese material? ¿Lo compró, lo encontró en la casa o se lo dio algún amigo? El abordaje principal se basa en los valores personales. Si en la casa hay revistas de ese tipo, tendrá que dar una explicación. La pornografía suele explotar a la mujer en beneficio exclusivo del placer sexual. Las revistas pornográficas muestran desnudos y actos sexuales despojados de mensajes sobre el compromiso, la responsabilidad y los vínculos. A diferencia de los desnudos que se ven en los libros de arte, suele estar presente un elemento de baja calidad. Seguramente su hijo se dejó llevar por la curiosidad que despierta lo prohibido y lo desconocido, y por su instinto sexual. Si usted no se enoja cuando encuentra las revistas, va a salir ganando. Dígale que le puede formular todas las preguntas que desee sobre las revistas, y aproveche para transmitirle sus valores al respecto. Intente ofrecerle otras revistas y libros que usted considere más adecuados, pero no se sorprenda si él o ella vuelve a ver el mismo material para excitarse; es normal.

¿Cómo debo responderle a mi hijo cuando me pregunta: "¿Por qué las personas tienen relaciones sexuales?"

A muchos chicos, en especial en la etapa preadolescente, les cuesta mucho comprender por qué los adultos tienen relaciones. Los padres deben explicarles que los bebés se conciben en el acto sexual y que si no nacieran más bebés, la raza humana desaparecería. También pueden agregar cuáles son sus creencias con respecto a la santidad de la vida. Además, los preadolescentes comienzan a comprender que todos nacemos con la capacidad de disfrutar sentimientos sexuales, que les parecen emocionantes y novedosos; por momentos, poderosos y placenteros. Tener relaciones es una manera de que los adultos compartan sus sentimientos de amor. No obstante, los grandes sentimientos que implican grandes acciones (tener relaciones sexuales) traen aparejados grandes consecuencias. Vale la pena repasar con frecuencia este tipo de conceptos.

¿Cómo se conciben los mellizos?

Por lo general, cuando la mujer ovula, libera sólo un óvulo. Pero puede suceder que libere dos (o tres, o cuatro, etc.) y que sean fecundados por los espermatozoides. En cada uno de ellos se forma un bebé, si son dos, se los llama "mellizos". Pueden ser dos nenas, dos varones o una nena y un varón, y se parecen entre sí igual que los hermanos que no son mellizos. Algunos medicamentos y la herencia aumentan las probabilidades de tener un embarazo múltiple.

Por otra parte, puede suceder que se libere un óvulo, sea fecundado y durante el proceso de separación se divida en dos partes iguales de las que van a salir dos bebés idénticos, llamados "gemelos". La mujer no puede hacer nada deliberadamente para tener gemelos.

¿A qué edad es correcto tener relaciones?

Muchos preadolescentes todavía tienen un pensamiento muy concreto y sienten que hay una edad correcta o un momento adecuado para tener relaciones. Si nosotros les decimos cuándo creemos que es el momento, es probable que lo tomen en cuenta. Pero todos sabemos que con buenas intenciones no es suficiente. Las mejores intenciones de los padres se mezclan con las presiones de los pares, la influencia de los medios de comunicación y lo que tiene que ver con la autoestima. De hecho, el acto sexual no depende de la edad. En lo que atañe a tener o no relaciones sexuales, hay otros factores a tomar en cuenta, como la responsabilidad personal, el compromiso con la pareja, y para muchos, el casamiento.

¿Cómo debo explicar qué es un orgasmo y a qué edad hacerlo?

Explicar qué es un orgasmo no es nada fácil. Cuando los niños entran en la pubertad, los orgasmos pueden sobrevenir —si es que sobrevienen— cuando tienen determinada clase de sueños. Las nenas también pueden tener un orgasmo, aunque sin eyaculación. Cuando los padres comienzan a hablar con sus hijos, sobre la pubertad y los cambios físicos concomitantes, el tema del orgasmo no se puede dejar de lado.

Explíqueles que el orgasmo es una serie de contracciones rítmicas que se sienten principalmente en la zona genital y que causan una sensación muy placentera. Se sienten como golpecitos que se desparraman por todo el cuerpo y esto causa un intenso placer. Después de un orgasmo, uno se siente muy relajado.

Una vez, un joven me dijo: *"Supongo que un orgasmo es como el remate de un chiste"*.

¿Qué puedo hacer para que mis hijos se sientan cómodos al hablar de sexo conmigo?

Trate de que sus hijos hablen con usted de todo. No se cierre, y préstele atención al lenguaje del cuerpo. Gestos sutiles que proyecten su incomodidad les estarán diciendo a ellos que deben escurrirse para no correr riesgos. El humor es una herramienta útil, pero hacer el ridículo es perjudicial. A los chicos no les gustan los sermones. Usted será más eficaz si sabe escucharlos, no si los sermonea. Conteste sus preguntas sin confundirlos con información complicada. Cuando la charla termine, abrace a su hijo y dígale que lo alegra que haya decidido hablar con usted.

Cuando estamos en la ducha, mi hijo me pregunta si me puede tocar los genitale. ¿Cómo debo manejar la situación?

Los niños siempre sienten curiosidad por el cuerpo de los adultos, en particular si se trata del sexo opuesto. Si su hijo quiere tocar sus genitales o sus pechos, debe explicarle con calma que su cuerpo es privado, que de hecho esa es la razón por la cual la gente usa ropa, y por eso no quiere que él o ella lo/la toque. Un incidente de esta naturaleza nos disuade de ducharnos con nuestros hijos. Es un momento adecuado para poner algunos límites vinculados con la privacidad y el pudor en el hogar.

GLOSARIO

Ano: Abertura por donde salen las deposiciones intestinales.

Circuncisión: Procedimiento mediante el cual se quita el prepucio de los varones.

Conductos deferentes: Dos tubos que permiten que el esperma comience su camino ascendente desde los testículos.

Cricoides: Cartílago de la laringe también conocido como "la nuez".

Cuello del útero: Ultimo tramo del útero, que es más angosto y lo conecta con la vagina.

Erección: Ocurre cuando el pene que estaba flácido se pone firme y erecto.

Escroto: Tejido semejante a una pequeña bolsa que sostiene los testículos.

Estrógeno: Hormona producida por los ovarios, responsable de los signos externos de la pubertad en las nenas.

Eyaculación: Descarga espontánea o brusca del semen a través del pene.

Genitales: Organos sexuales de las personas.

Ginecomastia: Desarrollo excesivo de los pechos en los hombres.

Glande: Porción final del pene, la más distante del pubis.

Himen: Capa de piel delgada que cubre parcial o totalmente la abertura de la vagina.

Hormonas: Sustancias que circulan en los fluidos del cuerpo y producen efectos específicos en distintas partes del mismo.

Labios: Pliegues de tejido graso que cubren los genitales femeninos.

Menarca: Primera menstruación.

Monte de Venus: Porción de tejido graso que cubre el hueso púbico.

Nalga: Son los dos músculos grandes que cubren el ano.

Orgasmo: Clímax de excitación sexual que en el hombre suele ir acompañado de la eyaculación.

Ovulo: Célula reproductiva de la mujer.

Pene: Organo sexual que cuelga entre las piernas del hombre.

Perineo: Espacio situado entre la vagina y el recto en las mujeres, y entre el escroto y el recto en los hombres.

Prepucio: Pliegue de piel laxa que cubre el glande del pene.

Próstata: Glándula masculina que está en la base de la vejiga. Segrega un líquido lechoso que forma parte del semen.

Pubertad: Período en el que por primera vez el organismo es capaz de reproducirse sexualmente y que se destaca por la madurez de los genitales y la aparición de otras características sexuales secundarias.

Pubis: Parte anterior de los huesos de la cadera.

Recto: Ultima porción del intestino que se conecta con el ano.

Secreción sebácea: Lubricante segregado por las glándulas que están debajo de la piel.

Semen: Líquido espeso y blanco del órgano reproductor masculino, que contiene el esperma.

Testículos: Dos cuerpos redondos o con forma de almendra que cuelgan debajo del pene y son los responsables de la reproducción del esperma.

Testosterona: Hormona masculina producida por los testículos.

Uretra: Canal con forma de tubo por el cual sale la orina y que en el hombre también transporta el semen del pene.

Vagina: Canal que conecta el útero con los órganos sexuales externos de la mujer. También se lo llama “canal del nacimiento”.

Vejiga: Organo similar a una bolsa que se encuentra en la parte baja del abdomen y que retiene la orina.

Vulva: Parte externa de los genitales femeninos, que puede observarse a simple vista.

ÍNDICE

OTROS LIBROS DE ESTA COLECCIÓN

CLAVES PARA PADRES CON HIJOS ADOLESCENTES

DON H. FONTENELLE

Este libro ayuda a analizar los patrones de conducta y los problemas típicos de los adolescentes de hoy. También ofrece guías para entender algunas expresiones de la conducta que los padres ignoran y consejos prácticos sobre cómo aprender a vivir y a relacionarse mejor con su hijo diariamente.

CLAVES PARA CONVERTIRSE EN BUEN PADRE

DR. WILLIAM SEARS

Los padres tienen hoy un rol más importante que nunca. Un experimentado médico, pediatra y padre él mismo, comparte con los hombres todos los aspectos de la paternidad, desde asistir al parto a compartir con la mamá el cuidado del hijo. Sobre todo, este libro enseña que la función del padre da felicidad.

CLAVES PARA QUE LOS HIJOS SUPEREN EL DIVORCIO DE SUS PADRES

ROSEMARY WELLS

El divorcio nunca es fácil para el niño. Cuando sus padres se separan, los niños tienen fuertes sentimientos de culpa y pérdida y su autoconfianza, sus relaciones y su escolaridad sufren el impacto. Un libro invalorable para padres, abuelos y todos los que quieren ayudar a los niños a comprender lo que están viviendo.

CLAVES PARA NIÑOS CON PROBLEMAS PARA DORMIR

SUSAN E. GOTTLIEB

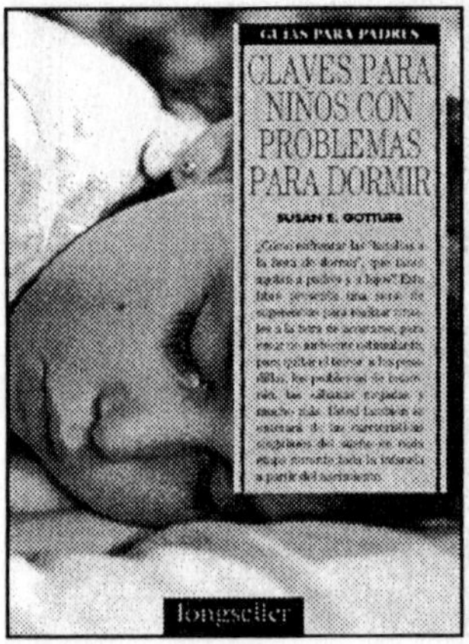

¿Cómo enfrentar las "batallas a la hora de dormir", que tanto agotan a padres y a hijos? Este libro presenta una serie de sugerencias para realizar rituales a la hora de acostarse, para crear un ambiente estimulante, para quitar el temor a las pesadillas, los problemas de insomnio, las sábanas mojadas y mucho más. Usted también se enterará de las características singulares del sueño en cada etapa durante toda la infancia, a partir del nacimiento.